August 2014

Liebe Birgit,
ich danke dir für
die inspirierende mare
und liebevolle Zeit mit
dir an der Teltow-GS.

Viel Spaß beim Eintauchen ...
und eine erfüllte Zeit

wünscht dir von
ganzem Herzen

Annette

Rolf-Bernhard Essig

# Ein Meer
### ist eine See
### ist ein Ozean

## Wie Ärmelkanal, Rossbreiten
## und Ochsenbauchbucht
## zu ihren Namen kamen

Mit Illustrationen von papan

**mare**

Die Deutsche Nationalbibliothek verzeichnet
diese Publikation in der Deutschen Nationalbibliografie;
detaillierte bibliografische Daten sind
im Internet unter http://dnb.ddb.de abrufbar.

1. Auflage 2014
© 2014 by mareverlag, Hamburg

Lektorat  Claudia Jürgens, Berlin
Register  Rainer Kolbe, Ostenfeld
Einbandgestaltung  Simone Hoschack, Berlin
Typografie  Farnschläder & Mahlstedt, Hamburg
Schrift  Proforma
Druck und Bindung
Memminger MedienCentrum, Memmingen
Printed in Germany
ISBN 978-3-86648-189-3

www.mare.de

»Das Trockene nannte Gott Land und das angesammelte
Wasser nannte er Meer. Gott sah, dass es gut war.«

Die Bibel (Genesis 1,10)

»Ich weiß nicht, wie ich der Welt erscheinen mag; aber mir
selbst scheine ich nur ein Junge gewesen zu sein, der an der
Meeresküste spielt und sich damit vergnügt, hie und da einen
noch glatteren Kieselstein oder eine noch schönere Muschel
als gewöhnlich zu finden, während das große Meer der Wahrheit gänzlich unentdeckt vor mir liegt.«

Isaac Newton (Alexander Pope, Anecdotes,<br>
Observations, and Characters, of Books and Men)

»Jemand nimmt sich vor, die Welt zu zeichnen. Im Lauf der
Jahre bevölkert er einen Raum mit Bildern von Provinzen,
Königreichen, Gebirgen, Buchten, Schiffen, Inseln, Fischen,
Zimmern, Instrumenten, Gestirnen, Pferden und Menschen.
Kurz bevor er stirbt, entdeckt er, dass dieses geduldige Laby-
rinth aus Linien das Bild seines eigenen Gesichts wiedergibt.«

Jorge Luis Borges (Borges und ich)

# Inhalt

# Die Henkel der Meere
# oder Hinein in die Namensflut

In Kindertagen stieß ich auf die Wörter Bab el-Mandeb. Eigentlich nur ein unverständlicher Name auf der Karte für die Meerenge, da das Rote Meer in den Indischen Ozean übergeht, doch mich verführte er auf den ersten Blick. Als ich im Lexikon las, übersetzt heiße er »Tor der Tränen«, war ein Bund fürs Leben geschlossen. Regelmäßig begegnen wir uns seitdem. Immer rühren mich die Wörter, ob im Arabischen oder im Deutschen. Bis heute weiß ich nicht, warum das Tor diesen Namen trägt. Vergießen die Seeleute, die aus dem Roten Meer in den Indischen Ozean fahren, Tränen, oder ist es umgekehrt? Trennten mit Tränen in den Augen sich dort die Frauen von ihren Männern, die aufs Meer hinausfuhren? Scheiterten an den Inseln und Klippen und Untiefen in der Meerenge viele Schiffe, sodass die Überlebenden sie Tor der Tränen nannten? Ich weiß es nicht, und ich will es in diesem einen Fall auch nicht wissen! Es überschwemmen mich mit dem Namen immer so viele Gedanken und Nebengedanken, dass ich traurig wäre, die Flut mit Erklärungen auszutrocknen. Eine Ausnahme ist es, die ich mir gestatte. Sonst dagegen liebe ich es – ebenfalls seit Kindertagen –, gerade solch vielversprechenden und poetischen Namen auf den Grund zu gehen.

Nun heißt es allerdings in *Romeo und Julia* mahnend fragend: »Was ist ein Name? Was uns Rose heißt, / Wie es auch hieße, würde lieblich duften«. Das stimmt und stimmt nicht. Shakespeares Worte lassen diese dramatische Rose bis heute unverwelklich frisch und ganz besonders duften. Und die eigenen, oft sehr schönen Namen der Rosen fügen ihrem Wohlgeruch stets etwas hinzu, ob botanisch oder volkssprachlich: Centifolia, Seidenrose, Gloria Dei, Essigrose ... Ein Name ist viel, viel mehr als Schall und Rauch, und gar nicht selten erzählt er maximal verkürzt eine ganze schöne oder traurige Geschichte. Das gilt erst recht für die Namen der Meere. Geografische Namen dienen vier Zwecken: Sie individualisieren und machen identifizierbar, sie sollen – zumindest oft – Gefühle auslösen oder bewahren, die mit einer Gegend, einem Ort zusammenhängen, sie haben eine ideologische Bedeutung, ob politisch oder religiös, und sie haben nicht selten den Zweck, soziale Bindungen zu stärken oder zu beschwören. Beliebig, wie sie scheinen, sind geografische Bezeichnungen also nicht, bedeutungslos und harmlos schon gar nicht. Sie unterscheiden sich in unterschiedlichen Sprachen und Zeiten. Deshalb gibt es seit 1959 die »Expertengruppe der Vereinten Nationen für geografische Namen« (United Nations Group of Experts on Geographical Names, UNGEGN), die ein *Manual for the national standardization of geographical names* herausgegeben hat. Darin wird neben der Einheitlichkeit und Wiedererkennbarkeit der besondere Wert jedes einzelnen Namens für ein Meer, eine Insel, ein Tal oder eine Landschaft betont. Diese Namen gehören zum Menschheitserbe, gerade weil sie bedroht sind. Viele sind extrem gefährdet, Millionen schon verschwunden, gerade die uralten oder solche, die von Kolonisatoren durch neue Bezeichnungen ersetzt wurden. Manch ein geografischer Name ist das letzte Überbleibsel einer ausgerotteten Kultur.

Umso bewegender das Bild, wie sich Menschen seit Jahrtausenden immer wieder vor die enormen Wasserflächen stellen und demütig oder gebieterisch sprechen: »Du hörst jetzt auf den Namen ...« Und dann folgte ein mal kurzer, mal langer Buchstabensalat, den das Nachbarvolk oft schon nicht mehr verstand; das Meer sowieso nicht.

Der Versuch, über die Benennung Macht auszuüben und zu gewinnen, blieb gleichwohl reizvoll. Er gehörte einfach zum nie endenden, sehr einseitigen Kampf- und Liebesverhältnis zwischen Meer und Mensch dazu. Namen sollen Gefäße sein, sind aber bloß lose Henkel, an denen wir uns festzuhalten versuchen, während das Meer, ungefasst von ihnen, mit ihnen nur spielt.

Wenn das Meer Humor hätte, lachte es. Es lachte besonders herzlich über die Grenzziehungsversuche der Menschen. Was bei Mittelmeer oder Schwarzem Meer noch angesichts der klaren Landumschlossenheit einleuchtet (aber gehört das Schwarze nicht zum Mittelmeer?), überrascht bei Nordsee oder Arabischem Meer, weil sie so willkürlich von Atlantik und Indischem Ozean abgetrennt wurden. Ein sehr menschlicher Grund liegt freilich auf der Hand: Die küstennahen Meerflächen kannte man bedeutend früher und benannte sie also schon einmal. Als spätere Seefahrer dahinter noch viel mehr Meer entdeckten, gab es den Bedarf für einen neuen Namen. Aus lieber Gewohnheit gab man den alten allerdings nicht auf.

Der Zufall gewinnt, wenn es um die Taufe der See und ihrer Teile geht, gegen die Systematik recht häufig, das darf ich jetzt schon bemerken. Wieso gibt es Meere in Ostfriesland? Weshalb nennt man die Straße von Mosambik nicht Mosambik-See, ist sie doch viel, viel größer als die Ostsee? Westlich von dieser liegt übrigens die Nordsee. Was für eine Verwirrung! Und wenn man sich die Grenze hier ansieht, weiß man nicht recht: Zählen Skagerrak, Kattegat, Großer Belt, Kleiner Belt und Sund noch zur Nord- oder schon zur Ostsee? Absolute Konsequenz sucht man vergebens, stattdessen herrscht ein immerhin meist lustiges Benennungsdurcheinander. Die Beschäftigung lohnt sich gerade deshalb, findet man doch viele Mythen, ergreifende Schicksale, vielgestaltige Landschaften, feinste, immer tiefer reichende Namenswurzelgeflechte und seltsame nationale Verwicklungen bis hin zum handfesten politischen Streit und zu hoch komplizierten Verhandlungen über die Standardisierung von geografischen Namensvergaben einerseits, die Bewahrung vielfältiger, ererbter Namen andererseits.

Ein Meerlexikon mit dem Anspruch auf Vollständigkeit will und kann dies Büchlein nicht sein, eher ein unterhaltsamer Begleiter, der einem vieles erzählt, manches erklärt, hie und da einen Scherz wagt, aber unverdrossen auch zugeben kann, was er alles nicht weiß, und so den Leser vielleicht reizt, sich selbst auf die Forschersocken zu machen oder ein neues Märchen, einen neuen Mythos zu erfinden, um das Unergründliche freundlich mit einer Geschichte zu decken.

# Ein Meer ist eine See ist ein Ozean
## oder Kleine etymologische Meerfahrt

An die See fuhren wir als Kinder, manchmal auch ans Meer, aber niemals an den Ozean. Warum? Nun ja, die Nordsee – unser damaliges Ziel – spielt als Nebengewässer des Atlantiks tatsächlich in einer anderen Liga als der Pazifik. Die unterschiedlichen Namen verwirrten uns aber doch. Und dann war in heimatlichen Gefilden, um die Verwirrung noch zu steigern, der See zum Baden nah; nicht besonders groß, grad so, dass die Bezeichnung »Teich« nicht mehr passte. Seltener Fall im Deutschen. Da kommt ein Wort wie »See« zweigeschlechtlich vor, und die weibliche Variante bezeichnet etwas viel Größeres, eine bei Weitem gewaltigere Wasserfläche als die männliche!

So lange, wie man vielleicht denkt, gibt es die klare Unterscheidung noch gar nicht. Vor gut 1200 Jahren sprach man im Althochdeutschen von »seo«, was ein Maskulinum war und »Binnensee« oder »Meer« bedeuten konnte. Im Altenglischen, im Mittelhochdeutschen – vor etwa 1000 Jahren – und Mittelniederländischen begann aber ein Hin und Her zwischen männlichem und weiblichem Geschlecht. Ein kluger Kopf, der Ordnung in die Sache bringen wollte, war offenbar Thomas Kantzow aus Stralsund, bei dem geschieden wird zwischen »der See« als Binnengewässer und »die See« als Meerbezeichnung. Ein hilfreicher Gedanke, den die Deutschen allerdings weder als Schreiber noch als Sprecher gleich begeistert aufnahmen.

Erst 300 Jahre später blieben sie dabei, jedenfalls in der Literatur. Seitdem scheiden sie See und See in kleine und große Gewässer – je nach dem Geschlecht.

Und der Grund des Wortes? Unergründlich. Leider! Die Wortherkunftsforscher etymologisieren seit langer Zeit herum, finden und finden aber keine überzeugende Deutung, woher die und der See als Wort gekommen sein könnten.

Da halte ich es etwas frech mit der Erklärung unseres verdienten Sprachforschers Johann Christoph Adelung, weil sie so schön klingt. Er vermutet in seinem *Grammatisch-kritischen Wörterbuch der Hochdeutschen Mundart* (1793–1801): »Es scheinet, daß die sausende Bewegung des Meeres und der ihm ähnlichen Seen der Grund der Benennung sey, da denn mit andern Endsylben sausen, sieden u. s. f. damit verwandt sind.« Das leuchtet doch ein! Gerade an den Küsten wallt, siedet, zischt, brodelt, kocht, braust und saust das Wasser in stürmischen Zeiten gewaltig, als kämpften die Wellen des Meeres gegen das Festland.

Das Meer ähnelt der See in diesem Verhalten zum Verwechseln. Auf den ersten Blick könnte man es überhaupt für ein einfaches Synonym halten. Auf den zweiten aber stechen Unvereinbarkeiten ins Auge: Kein Seeschweinchen sah man je und keinen Meerhund, unbekannt blieb bis heute der Seebusen oder der Meermann, und die Seekatze trifft wenigstens nie das Schicksal, meerkrank zu werden, weil es dies alles nur umgekehrt gibt.

Wie gut, dass wir als Muttersprachler wissen, wie man die Wörter zu bilden hat, wann die See, wann das Meer in Komposita an der Reihe ist! Eine gute sprachlogische oder sprachhistorische Begründung dafür fehlt, denn auch das Meer bezeichnete vor langer Zeit beides: ein stehendes Gewässer und die ozeanische Weite. Bis ins Indoeuropäische kann man den Wortwurzeln in germanische und slawische Sprachen folgen, die sogar noch weiter, viel weiter zurück-

Die See

reichen als bis zum lateinischen Wort »mare«. »Mari« oder »mori« könnte das mögliche indoeuropäische Urwort geheißen haben. Das Meer bezeichnete es, aber wohl auch andere Wasserflächen, denn das Moor verdankt sich ihm genauso wie die Marsch. Selbst die Pommern beherbergen unbemerkt das Meer in sich, entsteht doch ihre Bezeichnung aus dem altslawischen »pomorije«, was »Küstengebiet« oder »Strand« hieß und deutlich das »mori« mit Vor- und Nachsilbe umschließt.

Tief wissbegierige Leser begnügen sich mit solchen Andeutungen sicher nicht, suchten stattdessen ihr Vergnügen in einem etymologischen Ozean. Rasch erführen sie dabei so viel mehr nicht, aber wenigstens doch, dass »Meer« mit »mehr« leider nichts zu tun hat.

Vater Okeanos lächelte über seine minderen Wortkinder, denn er umfasst sie und alles andere in weitem Bogen seit Urzeiten, wenn man der griechischen Mythologie glauben will. Über ihn gibt es gleich mehr zu lesen. Hier genügt es, auf den verwunderlichen Umstand aufmerksam zu machen, dass dieser Urstromvater, den man bis in die Zeiten Herodots als gewaltiges, stets in sich selbst mündendes und alles umfließendes Grenzgewässer der bewohnten Welt und ihrer Meere ansah, lange Zeit nicht zur Bezeichnung der See verwendet wurde. Im 17. Jahrhundert erst fanden Gelehrte es schick, die Weltmeere mit dem Namen des mächtigen griechischen Gottes zu benennen, freilich in der latinisierten Form »Oceanus«. Die Gelehrten sprachen in den neuen europäischen Sprachen das c wie k aus, doch eine neue Tradition machte es zu einem zischenden Laut, der im Deutschen wie ein z klang und dementsprechend bald auch mit einem solchen geschrieben wurde. Dem einfachen Volk in Deutschland kam das fremde Meerwort auch mit z eher spanisch vor, und lange, lange Zeit dauerte es, bis es sich bequemte, die fremden Ozean-Silben selbstverständlich zu verwenden.

In Frankreich ging das etwas schneller, und dort prägte der

französische Autor und Menschenfreund Romain Rolland (1866–1944) den kosmisch schönen Ausdruck »ozeanisches Gefühl«. Wir alle haben es hoffentlich schon einmal erlebt. Es entsteht gern beim Schwimmen im Atlantik, im Pazifik, im Indischen Ozean, beim Hören von Musik, in religiöser Versenkung und Meditation. Dabei könne, so Rolland, etwas beglückend Umfassendes sich einstellen: das unabweisbare Gefühl einer All-Einheit, einer tief empfundenen Zusammengehörigkeit von Ich und Mitmenschen und Welt, in dem sich die Grenzen der Persönlichkeit positiv auflösen und einfließen in ein – wie der Okeanos die Welt – alles umfließendes Wirgefühl.

# Am Anfang war ein Geschwisterpaar oder Okeanos und Tethys

L iebende beschwören ihre Treue oder Hingabe gern am Strand. Sie berufen sich dabei oft darauf, ihr Gefühl sei so tief und so dauerhaft wie das Meer. Für menschliche Verhältnisse mag das stimmen, denn tiefer als sechs Fuß und weniger vergänglich als wir sind die Ozeane schon.

Dass sie sich nicht am Anfang der Welt wellten, ist den meisten heute klar, aber wie unglaublich anders die Meere aussahen, wie alles Festland der Erde sich vor unausdenklich langer Zeit zusammenballte, das versuchte erstmals der Geologe Eduard Suess (1831–1914) zu belegen. Von einer Kontinentaldrift wusste er zwar noch nichts, aber gleiche versteinerte Farne auf unterschiedlichen Kontinenten und die Geologie der Alpen, mit der er sich Jahrzehnte beschäftigt hatte, brachten ihn in den 1880er-Jahren auf die Idee von Gondwana, dem Superkontinent, und von Tethys, dem Superozean.

Wie er auf diesen Namen kam? Als klassisch gebildeter Mensch überlegte er wohl nicht sehr lange. Er kannte das Wort, das die alten Griechen bis etwa 500 vor Christus für den erdumfließenden Strom verwendet hatten: »Okeanos«. Und viele verehrten unter diesem Namen, so Homer, den ältesten aller Götter, den Stammvater der Menschen und der Götter, einen Meergott, der selbst einer Verbindung von Himmel (Uranos) und Erde (Gaia) entstammte. Ein, ja, *der* Meergott sei er gewesen, mit einem Ochsenkopf stellte man ihn dar, weil er mit gewaltigen Stößen Schiffe und ganze Länder fürchterlich erschütterte; vielleicht auch, weil der Mond, den man als gehörntes Gestirn ansah, den Okeanos zu solchen Stößen und Fluten anregte. Manchmal sieht man ihn auf einem Wagen dargestellt, den Walfische ziehen und vor dem Tritonen herlaufen, um seine ewige Bewegung, seine Heimat im Meer und seine vielen Geräusche und Klänge zu versinnbildlichen. Okeanos spielte im Weltbild der griechischen Antike die bedeutende Rolle eines Erdumfließers und Erderhalters. Er selbst galt gleichzeitig als der ungeheure Strom, der die Erdscheibe umgrenzte und auf dessen Fluten Helios, der Sonnengott, mit seiner goldenen Schale die Runde machte. Dieser Ur- und Weltenstromgott heiratete seine Schwester und zeugte mit ihr alle Flüsse und Flussgötter, dazu 3000 Töchter, die Okeaniden. Unter ihnen blieben bis heute am berühmtesten Asia und Europa, weil sie den Erdteilen den Namen gaben.

Da Okeanos in der Form »Ozean« bereits seit Langem verwendet wurde, nahm Eduard Suess, als es um den Superozean ging, einfach den Namen der ähnlich altehrwürdigen Gemahlin und Schwester: Tethys.

Mit Verfeinerung der erdgeschichtlichen Kenntnisse durch Alfred Wegener (1880–1930) und Alexander Logie du Toit (1878–1948) setzte sich die seit Jahrhunderten immer wieder vermutete Theorie einer Kontinentaldrift durch. Wie munter die tektonischen Platten auf der Magmasuppe hin und her schwammen, kann man heutzutage in vielerlei Trickfilmen sehen – besonders anschaulich im Naturhistorischen Museum Wien, wo man mithilfe einer Kurbel einen großen Erdball durch die Jahrmillionen drehen kann; übrigens auch in die Zukunft, in der Wien – zum Glück menschheitsgeschichtlich erst sehr spät – untergehen wird. Inzwischen wusste man also, dass auch Tethys schon einmal bestanden hatte, sodass man heute Palaio- von Neotethys unterscheidet, was nichts weiter als »Alt«- und »Neutethys« heißt. Die Göttin wird es verzeihen.

Seltsam erscheint bei alledem, dass die von der Neuzeit so oft belächelten Karten der alten Griechen mit dem Ring-Ozean etwas zeigten, was die Moderne als im Grunde treffendes Bild einer Erdwirklichkeit erkannt hat, von der die Antike nichts wissen konnte.

PS: Vielleicht sollte ich noch auf die Verwechslungsgefahr mit Thetis hinweisen, die als Enkelin der Tethys ebenfalls eine Meergöttin war, aber Tochter des Nereus und also eine der Nereiden, Gemahlin des Peleus und Mutter des Achill. In einem meiner Lieblingsgedichte, Schillers *Nänie*, kommt sie vor, als sie um ihren toten Sohn weint und eine gewaltige traurige Salzflut auslöst, ein göttliches Tränenmeer: »Aber sie steigt aus dem Meer mit allen Töchtern des Nereus, / Und die Klage hebt an um den verherrlichten Sohn. / Siehe! Da weinen die Götter, es weinen die Göttinnen alle, / Daß das Schöne vergeht, daß das Vollkommene stirbt.«

# Alle vier, fünf, sieben oder sechsundsechzig Meere

Wie groß muss ein Meer sein, um ein Meer zu sein? Darauf gibt es keine klare Antwort, denn es hängt mit der Kultur und ihrem Wissen zusammen; von den schon erwähnten sprachlichen Besonderheiten, nach denen auch Binnengewässer »Meer« genannt werden, zu schweigen.

Die Bitterseen benannten beispielsweise die altägyptischen Dynastien mit ihrem Meerwort, das sie auch fürs Rote Meer verwendeten. Die uralten Babylonier bezeichneten den Persischen Meerbusen als »Meerstrom«, »Meer«, aber auch nur als »nâru marratu«, den Bitterfluss, weil Salzwasser darin floss. Und das nicht so riesenhafte Tote Meer erschien schon den jüdischen Stämmen zur Zeit Moses als »Wüstenmeer« oder »Salzmeer«, weil es für sie doch groß genug war, um riesig zu wirken – zumal nach ihrem Wissensstand.

Die modernen Kartografen krittelten dann an dem geläufigen Sammelausdruck »Die Sieben Meere« herum. Das klinge zwar gut, bezeichne aber zu ungleiche Wasserflächen als Geschwister, die höchstens Eltern und Kinder seien. Die Wissenschaft missachtete also den altehrwürdigen Ausdruck und schrieb nur noch von fünf oder gar ganz sparsam von drei Meeren: dem Atlantik, dem Indischen Ozean und dem Pazifik, wobei der Arktische Ozean dem Atlantik, der Antarktische dem Pazifik zugeordnet wurde. Aber warum? Mit ähnlichem Recht könnte man es doch umgekehrt machen. Und ist die erdgeschichtlich ältere Nordsee nicht dem Atlantik vorzuziehen? Wenn die sehr schön umgrenzte Ostsee nicht mehr als Einzelmeer gilt, mag man es hinnehmen, aber kann man das Mittelmeer so unverfroren dem Atlantik zuschlagen?

Piratenfilme, die seit zehn Jahren wieder erstaunlichen Erfolg haben, kommen ohne den Ausdruck »Sieben Meere« kaum aus. Ein Kapitän, auf den seine Mannschaft stolz ist, sollte sie schon befahren haben, Schiffe, die besondere Stabilität und Schnelligkeit vereinen, nennt man schon mal nach ihnen, und Lieder, in denen die Sieben Meere besungen werden, gibt es reichlich, wenngleich nicht ganz so viele wie Wellen im Ozean.

Dass die Sieben als symbolische, religiöse, kulturell jedenfalls spätestens seit den Anfängen der Schriftlichkeit herausragende Zahl bewertet wurde, belegen über 4000 Jahre alte Hymnen aus dem Zweistromland. Diese erwähnen nämlich bereits die Sieben Meere. Natürlich zählen sie andere dazu, aber welche, ist nicht mehr genau zu sagen. Die wagemutigen Phönizier erforschten das Mittelmeer nach und nach und benannten sieben Teile, die ihnen als eigene Meere erschienen. In der heute gebräuchlichen Terminologie wären es das Alborán-Meer, das Balearen-Meer, die Ligurische, Tyrrhenische, Ionische, Adriatische und Ägäische See. Die Griechen zählten da schon wesentlich mehr Meere und ließen deshalb die Zahlenmagie beiseite, aber die antiken Römer verwendeten den Ausdruck ebenfalls. Was sie »septem maria« nannten, erschiene uns allerdings eher als sieben Pfützen, denn es handelt sich, wie Plinius der Ältere (23–79 n. Chr.) im dritten Buch seiner *Naturgeschichte* schreibt, bloß um schiffbare Lagunenteile des Po-Deltas. In der arabischen Geografie des frühen und hohen Mittelalters finden sich ebenfalls Ausdrücke wie »Die sieben Meere«, welcher Terminus die Meeresteile auf dem Weg in den Fernen Osten bezeichnete. Dabei kannten sie natürlich auch den Atlantik, wussten von der Nordsee, der Ostsee, aber ihnen war die Zahlensymbolik wohl wieder wichtiger. Die Chinesen gingen dagegen von einem Quartett aus und hielten diese Gesamtzahl in einem schönen Sprichwort fest: »Wer an den vier Meeren Freunde hat, glaubt überall Orchideenduft zu riechen.« Gemeint ist damit: »in aller Welt«.

Den Seefahrern und Entdeckern ab dem hohen Mittelalter leuchtete die Siebenzahl ein, nur konnten sie sich nicht recht darauf einigen, was dazugehören sollte und was nicht. Das Kaspische Meer zählte man manchmal in dieser Reihe auf, die Nordsee, das Schwarze Meer, aber auch manchmal nicht. Spätestens die Renaissance mit ihrem Faible für die Antike und die sieben Weltwunder sorgte dafür, dass sich die Siebenzahl auch im allgemeinen Sprachgebrauch einbürgern konnte, um die Gesamtheit der Meere zu bezeichnen. Für die meisten Bauern und Bürger war das ein treffend schillernder und ungenauer Begriff, galten diese Weltgegenden doch sowieso als extrem exotisch bis zauberhaft, weil Reisen in die nächste Stadt schon nicht ganz gewöhnlich waren, Überseefahrten dagegen als todesmutige Unternehmungen galten, von denen viele, viele niemals zurückkehrten.

Der stetig anwachsende Welthandel änderte das seit dem 16. Jahrhundert entschieden, wenn auch peu à peu. Die neuen Entdeckungen, die neuen Fahrtrouten brachten die Karibische See ins Gespräch, die Meeresteile zwischen den Gewürzinseln, den Pazifik überhaupt und mit dem Walfang auch die polaren Meere im Süden und im Norden. So gern man an der Siebenzahl festgehalten hätte, im Alltag erwies sie sich weder für die Geografen noch für die Laien als besonders praktisch. In der Literatur und unter Seeleuten bediente man sich der wohlklingenden Formel weiterhin, ja immer mehr, zumal sie im Englischen mit ihren zwei s-Anlauten auch noch flink von der Zunge glitt. So sprachen Matrosen oder Steuerleute nicht nur davon, mit allen Wassern gewaschen zu sein, sondern von den Sieben Meeren umspült. Im Ostasienhandel galt es als Auszeichnung,

Die sieben Meere

wenn einer die Sieben-Meere-Route der Teeklipper hin- und zurück-
gefahren war: über die Banda-, Celebes-(Sulawesi-), Flores-, Javasee,
das Südchinesische Meer, die Sulu- und Timorsee.

Dem Hang zum Romantischen gaben Geografen umso lieber
nach, als sie damit viele junge Leute für ihr Fach und die Seefahrt be-
geistern konnten. Obwohl sie also wussten, dass die Einteilung rela-
tiv beliebig war, verwendeten auch sie weiterhin den Terminus. Was
sie damit meinten? Pazifik, Atlantik, Indischer Ozean, Nordmeer,
Mittelmeer, Karibische See, Golf von Mexiko. Es konnten aber auch
nur das Nordmeer / Arktischer Ozean, der Pazifik und Atlantik, jeweils in Nord- und Südhälfte geteilt, sein, wozu noch der Indische
Ozean kam – nicht so recht befriedigend.

Dem Zauber des alten Ausdrucks kann weder diese Einteilung
noch die in drei Meere das Wasser reichen, und so werden wohl noch
sehr lange Musikstücke, Romane oder Gedichte von den Sieben Meeren, ihren Gefahren, Reizen und Bezwingern schwärmen.

Die Genauigkeitsfreunde fragen aber doch mit Recht: Wie groß
ist die Zahl der Meere und Seen denn nun tatsächlich? In dem Werk
der International Hydrographic Organization (IHO) mit dem schönen Titel *Limits of Oceans and Seas* sind es genau sechsundsechzig. Damit könnte man zufrieden sein, strahlt die Zahl doch immer noch
ein wenig symbolisch, magisch, wenn auch nicht ganz so wie die Sieben. In der Aufzählung der IHO finden sich dann aber auch die Baf-
fin-Bucht, die Davisstraße, die Biskaya und unter Ziffer 33 sogar »Río
de la Plata«. Das ist aber kein Fluss, wie der Name vermuten lässt, sondern der Mündungstrichter der Flüsse Paraná und Uruguay, der sich
ins Meer erstreckt. Hier rechnen die Autoren also außer den riesigen
Hauptmeeren auch Straßen, Kanäle, Buchten, Golfe, Teil- und Neben-
meere hinzu. Dennoch: Es klänge gar nicht übel, wenn es hieße: »Das
ist ein echter Seebär, denn er fuhr über die sechsundsechzig Meere!«
Oder: »Der ist mit allen sechsundsechzig Wassern gewaschen!«

PS: Auf der Suche nach einer aktuelleren Version von *Limits of Oceans and Seas* als der von 1953 schrieb ich an die verantwortliche IHO, doch die rasche Antwort fiel ernüchternd aus: »Die maßgebliche Auflage der IHO-Publikation S-23 *Limits of Oceans and Seas* ist immer noch die dritte Auflage von 1953. Leider kam die IHO-Arbeitsgruppe für S-23, die 2009 eingerichtet wurde, um eine vierte Auflage vorzubereiten, zu keinem Erfolg, wegen politischer und diplomatischer Lobbyarbeit einiger Mitglieder der Arbeitsgruppe. Die 18. Internationale Hydrografische Konferenz einigte sich im April 2012 darauf, das Thema nicht weiter zu diskutieren. Das ist der Punkt, an dem die IHO in Bezug auf S-23 steht, und die IHO-Arbeitsgruppe für S-23 wurde aufgelöst.« Dabei hätte sich die Zahl der Meere und Meeresteile sicher vermehrt, ihre Namen sich in vielen Fällen verändert, aber sie – und erst recht ihre Grenzen – bleiben ein Politikum ersten Ranges. Hellsichtig also ist es zu nennen, dass die IHO in den *Limits of Oceans and Seas* schon auf der ersten Seite klarstellte: »These limits have no political significance whatsoever.« Also: »Diese Grenzen haben keinerlei politische Aussagekraft.«

# Das Mittelmeer

## Das Meer im Zentrum und seine vielen Namen

M ittelländisches Meer« stand im alten Atlas, den wir vom Groß-vater geerbt hatten. Großartig geheimnisvoll klang die Benen-nung und noch besser als das ebenfalls schon verlockende Wort »Mittelmeer«. Wovon das die Mitte sein sollte? Die Frage stellten wir uns damals nicht und die meisten Menschen heute auch nicht, die sich beim Baden an den Küsten Italiens, Kretas oder Tunesiens er-holen. Dabei sieht alles so einfach aus: außenrum die Länder Nord-afrikas, Europas, Kleinasiens, mittendrin ein Meer. Um die Sache so zu sehen, muss man sie allerdings so sehen können.

Die ersten Menschen an den Mittelmeerküsten wussten aber nichts von der Ausdehnung dieser Wasserfläche, ihrer Form und Be-sonderheit, und wir wissen nichts von ihnen, denn sie hatten noch keine Schrift.

Mit ihr erfahren wir von den ältesten Mittelmeernamen, rich-tig ausführlich und genauer sogar erst mit den antiken Phöniziern und vor allem den Griechen, deren Bezeichnungen teils bis heute ver-wendet werden. Selbst die Bezeichnung »Mittelmeer« und viele Na-men seiner Teilmeere, die wir heute noch verwenden, gehen auf sie zurück.

Doch die assyrischen möchte ich auf keinen Fall vorenthalten, zu klangschön erscheinen sie mir, und außerdem belegen sie eine im ersten Moment ungewöhnliche, dann aber überzeugende Art der Meer-Einteilung. Die Assyrer gingen nämlich von der Lage Ninives, der wichtigsten Stadt Assyriens, aus, die am Tigris – heute Nordirak – lag. Von hier aus empfand man den weit südlich gelegenen Persischen Golf als das »Untere Meer«, zu dem man hinabstieg. Dagegen gab es das »a-ab-ba-igi-nim«, das »Hohe Meer«, womit das Mittelmeer gemeint sein dürfte, sicher ist es jedenfalls das »Obere Meer« der Inschriften aus dem 8. Jahrhundert vor Christus. Zum Persischen Golf fuhr man den Tigris mit Schiffen hinab. Zum »Oberen Meer« galt es Gebirgszüge zu erklimmen. Ganz ähnlich hielten es viel später die Römer, als sie das Mittelmeer grob in zwei Teile schieden, nämlich »mare inferum« und »mare superum«. Die Apenninen mussten sie von Rom aus überqueren, wollten sie zur Adria, Richtung Ostia und Tyrrhenisches Meer dagegen reichte ein munteres Hinabfahren oder -gehen. Bei den Juden der Antike gab es dann noch den Ausdruck »Philistermeer«, weil diese da wohnten, aber auch »Hinteres Meer« oder »Westmeer«. Warum? Das Tote Meer war für sie das »Vordere Meer«, weil sie sich nach dem Sonnenaufgang orientierten, und so war vorne Osten, hinten Westen. Weil sie irgendwann erkannten, wie viel größer das Mittelmeer als das Tote Meer war, schrieben sie sehr oft schlicht und einfach auch »*das* Meer«.

Doch noch einmal zurück zu den Assyrern, deren Sprache man gar zu gerne einmal hörte, denn schon das Wortbild von »tâmtim ra-bi-i-tim« strahlt Schönheit aus. Um 1880 vor Christus war dies die sicher klangvolle Bezeichnung des Mittelmeeres und bedeutete »Großes Meer«. Auch diesem Namen werden wir wieder begegnen; niemals aber dem Gegensatz, sieht man, wie die Lektorin richtig einwendet, vom Kleinen Meer in Ostfriesland ab. Für ernsthafte Salzwasserweiten aber gibt es den Ausdruck »Kleines Meer«, wie es scheint, in keiner Kultur. Das widerspricht sich wohl selbst zu sehr –

»klein« und »Meer«. 800, 900 Jahre später bei Tiglat-Pileser I. (Regierungszeit ca. 1115–1076 v. Chr.) und Assurnasirpal (883–860 v. Chr.) nennt man das Mittelmeer dann ausführlich »tam-dim ra-bî-ti ša-šul-mi šam-ši«, »Das große Meer nach Untergang der Sonne (Westen)«. Schade eigentlich, dass es dabei nicht blieb!

Mit einem beherzten Sprung gehe ich zu den erst einmal gar nicht so sehr erfindungsreichen antiken Griechen über, denen angesichts der weiten Wasserfläche vor allem eins einfiel: »Das große Meer«, so schrieb man um 500 vor Christus, dichterisch gar vom »pontos apeiros«, also dem »Unendlichen Meer«, das dennoch im Gegensatz zum alles umfließenden Weltstrom Okeanos gesehen wurde. Weil man vom Indischen Ozean, dem Pazifik gar und selbst vom Atlantik keine richtige Vorstellung oder gar keine hatte, lag das auch nahe. Selbst die Römer und die frühen Christen blieben dabei und beschrieben es ebenfalls als »magnum mare«, als das »Große Meer«.

Leser mit klassischer oder historischer Bildung werden vielleicht einwenden, dass es da noch eine sehr auftrumpfende, besitzanzeigende Formulierung gab, die noch Mussolini propagandistisch ausschlachtete. Ja, das berühmte »mare nostro« der Faschisten, die sich auf das »mare nostrum« der Römer bezogen. Die allerdings hatten sich durchweg – vielleicht, weil sie ein nicht gar so thalassophiles Volk waren – bei den Meernamen in Griechenland eingedeckt und sie meistens einfach übersetzt.

Für die Griechen war im Vergleich zum Atlantik, der für sie »das andere Meer« war, das Mittelmeer auch »das Meer hier«. Bei Aristoteles stand dann zum einen »das Meer innerhalb der Säulen des Herakles«, was so viel hieß wie »östlich der Meerenge von Gibraltar«. Von diesem Ausdruck her stammt auch die römische Formulierung »mare internum«, also das »Innere Meer«. Zum anderen stand dort »das Meer bei uns«, »das Meer, das bei uns liegt« bzw. »das Meer, das sich zu uns her erstreckt«. Das »uns« bezog sich allerdings nicht nur auf die Griechen, sondern auf die damals bekannte, einigermaßen kultivierte Menschheit, und so könnte man es sogar sehr frei übersetzen mit »das Meer der Menschheit«.

Bei den Römern, spätestens seit Cäsars Zeiten, bürgerte sich dieser griechische Ausdruck ein, wurde »mare nostrum« sehr gebräuchlich, und auch wenn sie überstolz auf ihr Imperium waren, bezogen doch auch sie das »unser« in dem Ausdruck auf die vielen Kulturen, die das Römische Reich umfasste. Mit purem Imperialismus und Großmachtgroßsprecherei hatte das nichts zu tun. Ein Kenner der Materie, der Althistoriker Viktor Burr, schreibt: »Für eine ausschließlich politische Bedeutung = ›das von uns beherrschte Meer‹ findet sich keine einzige Belegstelle.«

Und wann kommen wir, werden ungeduldige Leser vielleicht fragen, endlich zum Mittelmeer? Bei Isidor von Sevilla zum Beispiel, der von »mediterraneum mare« schrieb, weil es zwischen Europa, Asien und Afrika liege, ein binnenländisches Meer sei oder, ein wenig anders formuliert, ein mittelländisches. So wurde der Name in viele Sprachen übernommen.

Nur die Türken verwenden schon seit osmanischer Zeit »Akdeniz«, also »Weißes Meer«, im Gegensatz zu »Karadeniz«, »Schwarzes Meer«, und weil die Osmanen die arabische Welt eine lange Zeit beherrschten, gibt es auch dort den Namen »al-bahr al-abyad«, »Weiße See«, davor aber »bahral-rûm«, wörtlich »Meer der Römer«, aber in der Bedeutung »Die See der Römer und Griechen« oder die »Römisch-griechische See«, weil die Muslime hauptsächlich mit dem Reich von Byzanz als zweitem Rom zu tun hatten.

## Die schöne, die traurige Ägäische See

Kein Einfall, ein Reinfall bestimmte den Namen des nordöstlichen Teils des Mittelmeeres, sogar ein doppelter, aber davon später. In antiker Zeit schon sprach und schrieb man von der Ägäis, dem Meer des Ägeus oder Aigeus, und in vielen griechischen und römischen Quellen findet sich das traurige Schicksal des mächtigen Königs der Athener beschrieben. Dem noch mächtigeren Kreterkönig Minos hatte er einen schrecklichen Tribut zu entrichten: Sieben Jünglinge und sieben Mädchen – manche meinen auch »nur« sieben Kinder – hatte er alle neun Jahre nach Kreta zu schicken. Die einen behaupten, um dort als Sklaven zu dienen, die anderen, und es sind die meisten, berichten von einem weit schlimmeren Schicksal. Sie wurden dem schrecklichen Minotaurus zum Fraß vorgeworfen, einem Ungeheuer, halb Mensch, halb Stier. Den hielt man in einem verwirrenden Gängesystem gefangen, aus dem keiner den Ausgang fand. Dädalus hatte es ersonnen und Labyrinth genannt.

Als wieder die Zeit gekommen war, den menschlichen Tribut zu zollen, erbot sich der Königssohn Theseus, selbst zu fahren. Er wollte der schrecklichen Pflicht ein Ende bereiten oder lieber sterben. Mit Mühe nur konnte er Ägeus überzeugen. Der Vater bat den Sohn am Ende, wenigstens von ferne schon ein Zeichen zu geben, wenn ihm die Sache geglückt, wenn sie fehlgeschlagen wäre. Er sollte weiße Segel auf der Rückfahrt hissen lassen, wäre alles gut gegangen. Sonst aber sollte man die schwarzen Segel verwenden, mit denen das Schiff ausfuhr, die Zeichen der Trauer um die athenischen Kinder.

Der junge Theseus war nun so ein strahlender Held, dass sich bei seiner Ankunft in Kreta Ariadne in ihn verliebte. Sie war die Tochter des Königs Minos und suchte nach einem Weg, wie sie des Jünglings Tod verhindern könnte. Mit Dädalus sprach sie, der das Labyrinth erdacht hatte. Er riet ihr, Theseus einen Faden zu geben, den er am Eingang befestigen solle und dann abspulen. So tat es in einem unbewachten Moment Ariadne, und Theseus tat, wie ihm geheißen. Fern im Labyrinth fand er den Minotaurus und tötete die Bestie mit Faustschlägen. Dann fand er den Weg am Leitfaden entlang zurück. Am Eingang erwartete ihn und die geretteten Athener Ariadne. Gemeinsam flohen sie in nächtlicher Dunkelheit zum Hafen und bestiegen das Schiff zur Flucht.

Auf Naxos machten sie halt, um auszuruhen. Theseus erschien dort der göttliche Dionysos, der ihm befahl weiterzusegeln, Ariadne aber zurückzulassen, die er zu seiner Frau machen wollte. Traurig gehorchte Theseus und fuhr weiter nach Athen, wo sein Vater auf hohem Felsen ängstlich wartete. Von Weitem sah er im Morgengrauen das Schiff kommen, erkannte bald das Gefährt seines Sohnes und nur allzu gut die schwarzen Segel. Vom Schmerz übermannt, stürzte er sich hinab.

Warum der Sohn so tödlich vergesslich gewesen? Vielleicht hatte er einfach wieder die schwarzen Segel der Hinfahrt gehisst, um unbemerkt und rascher fliehen zu können, und war dann eingeschlafen nach dem Aufenthalt auf Naxos? Vielleicht vertrieb der Schmerz über den Verlust der geliebten Ariadne alle anderen Gedanken?

Jedenfalls heißt seit jener Zeit und im Angedenken an das traurige Schicksal des Königs die große See vor Athen und östlich bis zur kleinasiatischen Küste Ägäis.

Ach, und der zweite Reinfall? Seltsam eng verknüpft ist er mit dem ersten und namenspendend für einen Teil der Ägäis. Den schon erwähnten genialen Erfinder Dädalus betraf er und seinen Sohn.

Mit dem kretischen König Minos nämlich wollte Dädalus nicht mehr leben. Er sann auf Flucht, da man ihn freiwillig nicht ziehen ließ. Flügel erfand er, die er mithilfe von Wachs und Federn fertigte, um sie an die Arme zu schnallen. Mit ihnen konnten er und auch sein Sohn sich in die Lüfte erheben und fort von Kreta fliegen. Vor

dem Beginn der luftigen Reise ermahnte der Vater den Sohn, in seiner Nähe zu bleiben und vor allem niemals zu hoch zu fliegen. Erst hielt der Junge sich an den Rat, doch wie ihm die Lust am Flug zusätzliche Flügel zu verleihen schien, stieg er höher empor und immer höher, bis er der Sonne zu nahe kam. Deren Strahlen erweichten das Wachs, die Federn lösten sich, der tollkühne Flieger geriet ins Trudeln und fiel, immer schneller und tiefer, bis er in die Fluten stürzte, die seitdem nach ihm heißen – Ikarisches Meer. Denn Ikarus war es, der seinen Vater begleitet hatte, und südlich von Chios, der Homer-Insel, und nördlich von Kos erstreckt es sich mit den Inseln Ikaria, Samos und Patmos darinnen.

Dass die Ägäis nach einer Stadt namens Aigaía oder Aigaí, vielleicht aber auch nach einer Variante des Volksnamens der Achäer benannt wurde und das Ikarische Meer nach der Insel Ikaria, gaben freilich schon kritische Geister in der Antike zu bedenken, und heutige Forscher halten die Sache für sehr wahrscheinlich, denn nach angrenzenden Landschaften, Städten und Völkern nannte man üblicherweise die Meeresteile in der griechischen Kultur. Aber die Mythen um Ikarus und Ägeus, und seien sie auch sekundär, sind zu schön, um sie zu übergehen, und sie leben bis heute.

Bis heute lebt auch der Begriff »Archipel«. Warum und was er mit der Ägäis zu tun hat, darüber gibt das Kapitel »Toll, so ein Atoll!« Auskunft.


## Eine Insel, ein Volk, ein Meer

Die anderen Teile des Mittelmeeres sucht man vergebens ab, hofft man auf ähnlich spannende Geschichten für die Namenswahl wie die von Ägäis und Ikarischem Meer, doch dafür wird ein altes Benennungsprinzip deutlich, das sich in sehr vielen Kulturen und Epo-

34

chen findet. Am besten, man nimmt den Namen einer Insel, um die herum sich eine Meerfläche erstreckt, oder ein Volk, das dort wohnt. Eine Stadt tut es zur Not auch. So heißt das Alborán-Meer nach der Isla de Alborán, die zwischen Spanien und Nordafrika liegt, die Balearische See nach der Inselgruppe der Balearen, das Kretische Meer nach Kreta. Das Libysche Meer heißt nach den Libyern so, ein Sammelbegriff für unterschiedliche Völker und ihren Lebensraum, wie man ihn schon im vorantiken Ägypten und dann im antiken Griechenland verwendete. Und die Tyrrhenische See? Deren Name geht auf ein Volk zurück, das wohl zu den Etruskern gehörte und von den antiken Griechen »Tyrrhenoi« genannt wurde, wobei sie sich auf einen schönen Mythos beriefen, den beispielsweise Herodot erwähnt. Im lydischen Maionia habe eine schlimme Hungersnot den König dazu bewogen, die Hälfte seines Volkes zur Auswanderung zu bestimmen. Per Los teilte man die Bleibenden und die Gehenden auf, gab jeder Schar einen Königssohn mit, und die nach Westen Fahrenden leitete Tyrrhenos oder Tyrsenos. An der Westküste Italiens fanden sie eine neue, fruchtbare Heimstatt, und nach ihnen bzw. dem Königssohn sei das Meer benannt worden. Unglücklicher waren da die Ligurer, ein Volk, das vor der indoeuropäischen Völkerwanderung in weiten Bereichen Nordspaniens, Südfrankreichs und Westitaliens lebte, immer mehr zurückgedrängt und von den Römern schließlich erobert wurde. Was blieb von ihnen? Wenig mehr als ein Name zu Land und einer zu Wasser, eben Ligurien und die Ligurische See. Die Italiener verkleinern diese heute sogar noch ein wenig, weil sie direkt südlich ein international ungebräuchliches Korsika-Meer davon abtrennen.

Eines der Lieblingsurlaubsziele der Deutschen seit Jahrzehnten, die Adria, hieß bei den Römern »mare Adriaticum«, davor ähnlich bei den Griechen. Sie vermuteten wohl zu Recht, es habe die Etruskerstadt Atria an der Po-Mündung erst einem kleinen, dann einem immer größeren Seegebiet östlich des Stiefels den Namen, dessen eigene Wurzeln im Dunkeln liegen, vermacht. Bis wohin sich die Adria erstreckt? Bis zum Sporn von Gargano? Bis Brindisi? Nein, sogar bis zum Absatz, wo die schöne Stadt Santa Maria di Leuca des Stiefels südlichsten Punkt markiert. Von hier aus erstreckt sich die Grenze hinüber nach Albanien und Korfu. Man könnte einfach die Straße von Otranto als Trennlinie zum Ionischen Meer nennen, wenn denn eine solche nicht wieder eine Grenze benötigte. Einen Meerbusen gestand man einst dem Namen nach den Ioniern zu, ja sogar die ganze Adria, denn »ionikos kolpos«, das bezeichnete für Autoren des 5. und 6. Jahrhunderts das gesamte Seegebiet zwischen dem heutigen Italien und dem Balkan. Die Ionier hätten hier Kolonien gehabt, so sei es zum Namen gekommen. Wie banal, wie langweilig! Es gab doch noch den Stammvater der Ionier namens Ion, und noch besser: die schöne Io-Sage, die hier im Buch beim Bosporus ausführlich erzählt wird. Könnten die Irrfahrten dieser unglücklichen Herrschertochter in Kuhgestalt nicht den Namen begründet haben? Da bekäme der Ausdruck »Ionischer Busen« doch eine konkretere Bedeutung.

Bleiben im östlichen Becken des Mittelländischen Meeres noch das nach dem Volk der Thraker benannte Thrakische Meer und die nach Inseln benannten Meeresteile Kretisches, Karpathisches und Myrtoisches Meer. Bei der Insel Myrto zweifelt man allerdings zu Recht, denn die gibt es heute gar nicht mehr, wurde sie doch in Mandilou oder Mandili umbenannt und lag schon immer winzig und unbedeutend vor Euböa. Da überzeugt mich mehr der Mythos von Myrtilos. Neben Ägeus und Ikarus wäre er als Sturznamensgeber der dritte. Nur dass er nicht aus eigenem Entschluss oder eigener Dummheit fiel, sondern ermordet und hier ins Meer gestürzt wurde.

Ein herrscherlicher Stallmeister, so erzählt der Mythos, sei er gewesen beim König Oinomaos, dazu ein Sohn des Götterboten Hermes. Wie sein Vater, der ja auch Gott der Diebe und Händler war, sei

Myrtilos Tricks und Kniffen sowie listiger Vorteilsnahme durchaus zugeneigt gewesen. Als Pelops die Tochter des Königs Oinomaos durch ein Wagenrennen gegen den an sich im Fahren unbezwingbaren König gewinnen wollte, da suchte er bei Myrtilos Hilfe. Was er ihm als Lohn versprach – die erste Nacht mit der Königstochter, einen Kuss von ihr –, darüber gehen die Meinungen auseinander. Der treulose Stallmeister jedenfalls manipulierte seines Herrn Rennwagen, indem er entweder die Haltestifte der Räder an der Achse entfernte oder die stabile Eisenbereifung durch täuschend echt aussehende Wachsräder ersetzte. Der König verlor das Rennen, sein Leben, die Tochter, aber Myrtilos und Pelops gerieten aneinander. Entweder wollte der Korrumpierer den versprochenen Lohn nicht gewähren, oder der Betrügerstallmeister versuchte, der Königstochter Gewalt anzutun. Pelops jedenfalls fasste Myrtilos fest und warf ihn weit ins Meer, das nach dieser Tat immerhin seinen Namen trug; ein Sternbild am Himmel – der Fuhrmann – übrigens auch, so meinen manche Mythologen. Na, das klingt doch viel schöner als die banale Benennung nach einem Inselschiss im Meer. Wie sagte schon Giordano Bruno: »Wenn es nicht wahr ist, ist es doch gut erfunden.« Und Geschichten, Mythen erzählen und erzeugen eine eigene Wahrheit, nicht zuletzt dort, wo eine empirisch nachprüfbare, eine historisch tradierte nicht zu haben ist.

## Wo man von Betrug, exotischen Kleinoden und Wohlgerüchen kein Aufheben macht oder Die Levante

Die Abenteuerliteratur des 19. Jahrhunderts lässt ihn gern auftreten, um im Kontrast dazu den ehrlichen, mutigen, aufrechten und vor allem abendländisch-westlichen Helden noch besser erscheinen zu lassen: den levantinischen Händler. Wie stark das Klischee fortwirkte, merkt man noch im Jahr 1970. Damals beschrieb der *Brockhaus* die Levantiner so: »die in der Levante (im engeren Sinne) geborenen Abkömmlinge von Europäern und orientalischen Müttern; auch Sammelname für die als betrügerisch geltenden jüd., griech., italien. und armen. Kaufleute und Händler in den Hafenstädten des östl. Mittelmeeres«. Im Italienischen gibt es vereinzelt noch die Bedeutung »skrupellos, durchtrieben« für das Adjektiv »levantino«. Dazu passt der abwertende Ausdruck »levantino mercanteggiare«, das »orientalische Feilschen«. Dabei steht »levantino« sonst als Substantiv nur allgemein für einen Menschen aus der Levante und als Adjektiv für »die Levante betreffend«, »östlich« und »aufgehend«. Das schöne Wort kommt denn auch von der aufgehenden Sonne, nach der man wohl zuerst im hochmittelalterlichen Venedig das östliche Mittelmeer und die Gegenden des Nahen Ostens benannte, wo man fleißig und überaus lohnenden Handel betrieb. Damals hätten die Bewohner dort mit großem Recht »Venezianer« zur Bezeichnung für »als betrügerisch geltende Händler« wählen können und »venezianisch« für »heimtückisch«, »gierig«, »verdächtig«.

Doch zurück zur Levante. Das Wort geht zurück auf das lateinische »levare« für »aufheben«, »aufgehen«, und noch der Level der Computerspiele kommt daher. Da die Sonne im Osten aufgeht, nannte man den Orient im Italienischen auch »Levante«, im Deutschen manchmal als Fremdwort den Ostwind »Levant(e)«. Die regen Handelsbeziehungen mit Italien, die seit dem 14. Jahrhundert immer reger wurden, beförderten das Wort »Levante« dann über die Alpen als Bezeichnung für einen irgendwie nahen Osten, der in der Regel das Meer einbezog, die östlichen Küstenregionen speziell beschrieb, aber auch arabische Gebiete bis hin zu Euphrat und Tigris.

Wer aktuell eine Levantekreuzfahrt bucht, fährt beispielsweise mit der *MS Deutschland* von Hurghada in Ägypten über Aqaba in Jordanien nach Port Said wiederum in Ägypten, dann durch den Sueskanal nach Haifa und Ashdod in Israel, um schließlich die türkischen Städte İskenderun, Mersin und Antalya anzulaufen. Der Titel der Reise: »Handelsmetropolen der Levante«. Auch für Segler hält sich »Levante« als beliebte Bezeichnung dieses windreichen und eindrucksvollen Gebiets.

So hat sich bis heute neben dem negativen Image des levantinischen Händlers, gar des levantinischen Chaos, ein positives gehalten, das die Schönheiten der reich gegliederten Inselwelt, der Pflanzen und Tiere, den Reiz der exotischen Waren, Gewürze und Menschen betrifft. »Orientalisch« nennt man das zwar auch, aber dieser Begriff greift noch viel weiter nach Osten aus als »levantinisch«.

Seltsam bleibt, dass man ausschließlich die Nachkommen einer Bewohnerin dieses nahen Ostens und eines abendländischen Vaters »Levantiner« nannte und abwertete, wohl weil Kinder einer umgekehrten Paarung lange Zeit gar nicht vorkamen.


## Die schönsteinige Binnensee
## oder Das Marmarameer

So viel M macht kein Meer dem Marmarameer nach. Es hieß in der Antike noch ungalant »Propontis«, weil die Griechen es als bloßes »Vormeer« ansahen, wobei »Meer« hier auch »nur« das heutige Schwarze Meer bezeichnete. Das schätzten die Griechen allerdings sehr hoch ein und ähnlich hoch den Marmor von der Insel Prokonnesos im Vormeer. Den wählten denn auch die Erbauer des berühmten Pergamonaltars aus. Kein Wunder, dass die Insel selbst später nach dem herrlich glänzenden Stein benannt wurde. Der hieß im Altgriechischen schon so, nämlich »marmaros«. Nach der Marmorinsel Marmara, wo heute noch Marmor abgebaut wird, benannte man schließlich im späten Mittelalter das ganze Binnenmeer, wobei man bis weit in die Neuzeit gern auch »Marmormeer« und »Marmelmeer« verwendete; erst recht im Poetischen, wo man den schönen Leib einer Frau damit verglich. So tat es im 17. Jahrhundert Christian Hoffmann von Hoffmannswaldau in einem entzückenden Liebes- und Schiffbruchgedicht, das ein Meer an schönsten Metaphern aufbietet und zeigt, was man mit Meernamen so alles anstellen kann:

> So soll der purpur deiner lippen
> Itzt meiner freyheit bahre seyn?
> Soll an den corallinen klippen
> Mein mast nur darum lauffen ein,
> Daß er an statt dem süssen lande,
> Auff deinem schönen munde strande?

> Ja, leider! es ist gar kein wunder,
> Wenn deiner augen sternend licht,
> Das von dem himmel seinen zunder,
> Und sonnen von der sonnen bricht,
> Sich will bey meinem morschen nachen
> Zu einem schönen irrlicht machen.

> Jedoch der schiffbruch wird versüsset,
> Weil deines leibes marmel-meer,
> Der müde mast entzückend grüsset,
> Und fährt auff diesem hin und her,
> Biß endlich in dem zucker-schlunde
> Die geister selbsten gehn zu grunde.

> Nun wohl! diß urthel mag geschehen,
> Daß Venus meiner freyheit schatz

In diesen strudel möge drehen,
Wenn nur auff einem kleinen platz,
In deinem schooß durch vieles schwimmen,
Ich kan mit meinem ruder klimmen.

Da will, so bald ich angeländet,
Ich dir ein altar bauen auff,
Mein hertze soll dir seyn verpfändet,
Und fettes opffer führen drauff;
Ich selbst will einig mich befleissen,
Dich gött- und priesterin zu heissen.

# Rot, Schwarz, Grün, Gelb, aber nicht Blau? oder Die Farben der Meere

Im Schlager leuchtet das blaue Meer höchstens bei Sonnenuntergang mal rot, und in Urlaubsprospekten sind es nur ein paar Schritte zum »mare blu«, zum »mer bleue« oder zur »blue sea«. Aber auf dem Atlas sucht man die Blaue See oder das Blaue Meer vergebens. Jedenfalls in neueren Atlanten westlicher Länder. In älteren russischen dagegen stand über Jahrhunderte die Bezeichnung »Blaues Meer« – es war der gebräuchliche Name des Aralsees, und so kommt er auch in Forschungsberichten westlicher Expeditionsreisender alter vergangener Zeiten vor.

Leuchtete sein Blau besonders strahlend im Kontrast zum wüsten Land umher? Oder unterschied sich seine Farbe von der anderer Meere? Welche Farbe hat Meerwasser? Keine, werden viele sagen und hätten scheinbar recht. Wo es besonders rein ist, scheint es aber blau. Es sind jedoch nicht nur das Licht der Sonne, des Mondes oder die Farbe des Untergrundes oder die reine Tiefe des Wassers, denen das Meer seine jeweilige Farbe verdankt. Algen erblühen zuzeiten, Schwebstoffe trüben das Wasser ein, die der Wind oder die großen Flüsse mitgebracht haben, und dann gibt es die Verhältnismäßigkeit, den Vergleich. Für die Namensgebung nach Farben reicht das allein allerdings immer noch nicht aus, denn als Letztes kommen zwei Elemente dazu, die »Richtungsfarben« und »Missverständnis« heißen.

Schon vor über 4500 Jahren beschrieb man im alten Reich der Ägypter die Meere mithilfe von Farben. Fünf Meere erwähnen die ältesten Quellen »ḳm-wr« = »Großes Schwarzes«, »w3d-wr« = »Großes Grünes«, »šn-wr« = »Großer Kreis«, »dbn pšr Ḥ3nb·w« = »Kreis, der die Ḥ3nb·w umgibt«, »šn-ʿ3sk« = »Großer Kreis Sk«. Das »Große Grüne« war wohl allgemein ein Wort für »sehr großes Gewässer« oder »Meer«, speziell aber – für uns erst einmal sehr überraschend – für das Rote Meer. Das »Große Schwarze« dagegen bezeichnete die Bitterseen, speziell den Timsahsee. Der »Große Kreis« wäre wohl der erdumfließende Ozean, das heutige Mittelmeer, ein Teil davon wäre das Mittelmeer vor der ägyptischen Küste, denn »Ḥ3nb·w« war der Name für die Seevölker, die im Norden Ägyptens, vor allem im Nildelta, immer wieder Überfälle verübten. Noch im 6. Jahrhundert vor Christus verstand man im Besonderen die Griechen darunter, wie Inschriften auf dem Stein von Rosette beweisen.

Das Schwarze Meer der Ägypter hielten Geschichtsschreiber und Geografen wie Herodot nur noch für Seen, so wie wir heute auch. Das heutige Schwarze Meer dagegen hieß in archaischer Zeit erst »pontos axenos« oder dann auch »pontos axeinos«, was man sehr gut mit »Gastfeindliches Meer« übersetzen könnte. Warum? Sehr plötzlich fielen Stürme dort über Schiffe herein, über weite Strecken gab es keine Häfen, praktisch keine Inseln, um Schutz zu finden oder auch nur eine sichere Landung, und dann sollten hier der Eingang zur Unterwelt liegen und die Toteninsel Leuke; von den vielen als Barbaren verachteten feindlichen Völkern zu schweigen. Eine wahrhaft wenig gastfreundliche Gegend.

Wahrscheinlicher ist gleichwohl, dass die griechischen Seefahrer der frühesten Zeiten eine Bezeichnung von Einheimischen immer wieder hörten und übernahmen. Vielleicht war es das altiranische Wort »axsaena«, das »dunkel, düster, trist, schwarz, blauschwarz« bedeutete. Aus dem Iran kommende Skythen könnten das

Meer wegen seines eisensulfitreichen bläulichen Schlamms und Schlicks so bezeichnet haben. Oder wegen eines Farbschemas für die Himmelsrichtungen: Das verwendeten Steppenvölker Eurasiens, bei denen Schwarz Norden bedeutete, Weiß Westen, Rot Süden, manchmal Blau Osten. Jedenfalls ähnelte das Wort »axsaena« dem griechischen für »gastfeindlich« (»axenos«), und da auch noch Gründe für die Bezeichnung vorlagen, könnte es leicht zu dieser Volksetymologie gekommen sein.

Mit der zunehmenden Besiedelung der Küsten durch griechische Kolonisten wendete sich wohl schon im 5. Jahrhundert vor Christus das Blatt radikal, zum Freundlichen. »Pontos euxe(i)nos«, also »Gastfreundliches Meer«, sprachen die Griechen nun das Binnenmeer an. Handelte es sich um einen Versuch, das böse Meer nicht noch mit einem bösen Namen zu reizen und es stattdessen mit einem freundlichen gnädig zu stimmen? Ähnlich abergläubisch ging es ja bei der Benennung des Kaps der Guten Hoffnung zu. Das spielte sicherlich eine Rolle, wichtiger war aber wohl, dass das Meer inzwischen zum griechischen Kulturkreis gehörte und damit viel bessere Kenntnisse des Meeres vorlagen. Damit verlor es seine Schrecken nicht, aber es erschien vertrauter, berechenbarer, seine Küsten erschienen bedeutend freundlicher, einladender, seit dort Griechen wohnten.

Manchmal schrieb man in klassischer Zeit nur noch verkürzt von »euxeinos« oder »ho pontos«, wenn man das Schwarze Meer meinte. Dabei handelte es sich zunächst um rhetorisch-poetische Freiheit, zumal »pontos« an sich schon ein emphatischer Ausdruck war und auszeichnend: Er bedeutete »*das* Meer«, so wie »*der* Dichter« Homer war. Irgendwann wusste jeder, mit »ho pontos« war das gemeint, was heute das Schwarze Meer ist. In dieser Form übernahmen die Römer den Namen. Andere Benennungen wie »Amazonicus« (Amazonen-Meer), »Scythicus sinus« (Golf der Skythen), »pontus

Tauricus« (Meer der Taurier), »mare Cimericum« (Meer der Cimerier), »mare Colchicum« (Meer der Kolcher) und »pontus Ponticum« (Meer der Pontier) setzten sich nicht durch. »Pontus« war und blieb in römischen Schriften die häufigste Form. Die Briefe des berühmten Dichters Ovid (43 v. Chr.–17 n. Chr.) aus dem Exil am Schwarzen Meer sind denn auch *Epistulae ex ponto* betitelt.

Die Araber der frühen islamischen Zeit schlossen sich lustigerweise mit nur leichter Lautverschiebung an und nannten die Seefläche »as-bahr Buntus«, was wörtlich »Meer Pontus« heißt und sich ähnlich kurios im neulateinischen »mare Ponticum« wiederfindet: Wörtlich hieße das »Meer Meer« oder »Meer der Meere«. Im Byzantinischen Kaiserreich blieb man schlicht bei »ho pontos«, im Italienischen übertrug man die Emphase des Namens in die Adjektive »mare Maius« oder »mare Maggiore«, »Größeres Meer«. Das wirkt im Vergleich zum viel größeren Mittelmeer verwunderlich. Je nach den Machtverhältnissen tauchten weitere, teils kurzlebige und wenig verbreitete Namen auf wie See von Trapezunt/Trabzon, von Konstantinopel, Skythische See, Sarmatische See, See der Khazars, der Rhos, der Bulgaren, der Georgier, der Russen.

Ja, und die Schwärze? Wie kommt die nach 2000 Jahren wieder ins Spiel? Die mächtigen Osmanen sind wahrscheinlich schuld. Dass sie im Mittelalter von »Karadeniz« sprachen, kann einfach mit der Übernahme der gebräuchlichen griechischen und italienischen Form »Großes Meer« zusammenhängen, da »kara« im Osmanischen »groß, gewaltig, schrecklich« heißt, aber eben vornehmlich »schwarz«. Mit der Übermacht der Osmanen in dieser Gegend über Jahrhunderte sollten die Europäer den Namen »Karadeniz« kennenlernen, übernehmen und übersetzen, eben in: Schwarzes Meer, was sich auch im Englischen, Russischen, Georgischen, Rumänischen, Bulgarischen, Neugriechischen, Ukrainischen etc. verbreitete. Ob es anschließend zu einem Pingpongeffekt kam und die Osmanen in der Frühen Neuzeit von den Europäern den Farbaspekt übernahmen, ist unklar, klar allerdings, dass ihre Benennung des Mittelmeeres auf einem Kontrast beruht, denn das noch heute auf türkischen Karten gebräuchliche »Akdeniz« bedeutet »Weißes Meer«, und ohne Frage war das Mittelmeerwasser deutlich klarer als das des Schwarzen Meeres. Auch im Arabischen ging man wegen des jahrhundertelangen osmanischen Einflusses durchweg zur Bezeichnung des Mittelmeeres als »al-ahr al-byad« über, was »Weißes Meer« heißt; aber man findet auch »al-ahr al-khdar«, »Grüne See«, im Gegensatz zum Atlantik, der »al-ahr al-uhit al-aghribi«, »Westsee, die die Welt umgibt«, genannt wird.

Nun gab es aber und gibt es auch immer noch das international so genannte Weiße Meer, das ein Nebenmeer des Nördlichen Eismeeres ist und sozusagen hinter Skandinavien zwischen Karelien und der Halbinsel Kola liegt. In der Türkei löste man das Problem, indem man ein anderes Weiß-Wort dafür verwendete, sodass auf türkischen Karten für das nördliche Meer »Beyazdeniz« steht. Warum das Weiße Meer so heißt, scheint auf der Hand zu liegen, denn gerade in der sogenannten Kleinen Eiszeit fror es oft weiträumig zu, und noch heute finden sich winters riesige Eis- und Schneeflächen auf dem Meer. Das gilt freilich auch für sehr viele andere Teile der Nordpolarmeergebiete, nicht umsonst blieben die Nordost- und Nordwestpassagen bis vor 100, 150 Jahren nur ein Traum. Freilich kannte man das Weiße Meer schon mindestens seit Ende des 9. Jahrhunderts durch den Bericht eines reichen Kaufmannes oder Adligen namens Ottar, der am englischen Hof König Alfreds des Großen von Wessex über seine Nordfahrten berichtete. Zu dieser Zeit waren die Kenntnisse über das Nördliche Eismeer gering, sodass man das Weiße Meer in Ermangelung anderer schnee- und eisbedeckter Meere so nennen konnte.

Noch einfacher, herrlich simpel und unbezweifelbar erklärlich,

Das weiße Meer

wiewohl es selbst trüb ist, liegt dagegen das Gelbe Meer vor uns, das tatsächlich eine gelblich-bräunliche Färbung durch den ungeheuren Lößeintrag via Wind und Flüsse, unter anderem des Huang Ho, des Gelben Flusses, erhält. Erstaunlich, dass es überhaupt noch fruchtbaren Boden in China gibt, weist doch der auch dort gebräuchliche und sehr alte Name darauf hin, wie lange es ihn schon mit den Flussfluten ins Meer davonträgt. Aktuell beträgt der Lößanteil im Wasser der großen chinesischen Ströme bis zu 3,5 Prozent.

Wenn es doch beim Roten Meer ähnlich einfach aussähe! Stattdessen türmen sich die Thesen, wie es zu seinem Namen kam. Im Reich der Ägypter nannte man das Rote Meer kurioserweise noch das Grüne Meer. Farbenblinde altägyptische Geografen kann man sich nicht vorstellen. Veränderte sich vielleicht die Farbe selbst? Und wenn ja, wann? Dass der Name einfach vom englischen Namen des biblischen Schilfmeeres, nämlich »Reed Sea«, stamme und zu »Red Sea« sich verändert habe, kann wenigstens ausgeschlossen werden, denn bereits die Antike nannte es »erythra thalassa«, »erythraea mare« und später »mare rubrum«, »Rotes Meer«, woraus sich übrigens auch der Ländername »Eritrea« herleitete mit dem Sinn »am Roten Meer liegend, zu ihm gehörig«. Und schon die Antike rätselte über den Namen. Lag es am speziellen Sonnenlicht, das rötlich den arabischen Meerbusen färbte? Gab es einen Sohn des Perseus namens Erythras oder einen anderen Mann, dem hier Land gehörte? Waren es rote Felsen oder die rote Erde am Meer oder der Umstand, dass sie und ihre Farbe durch Flüsse oder Quellen ins Meer gewaschen wurden? War es am Ende das antike Land Erythrea, das dem daran liegenden Meer den Namen gab, und nicht umgekehrt? Lag es an der Bezeichnung »Rotes Land« für Arabien und Libyen durch die Ägypter, die das Nilgebiet »Schwarzes Land« nannten? Die Griechen hätten beide Ausdrücke über Forscher wie Herodot leicht übernehmen können und auf das angrenzende Meer übertragen. Die Blaualgenart mit roter Blüte, die gern erwähnt wird, spielt offensichtlich keine Rolle für die uralte Bezeichnung, eher schon das Himmelsrichtungssystem im Perserreich, das schon beim Schwarzen Meer eine Rolle gespielt haben könnte. Wenn Schwarz gleich Norden ist und Süden gleich Rot, dann läge die Bezeichnung auf der Hand. Für Wikipedia ist die Namensfrage damit entschieden, aber wenn das im Perserreich der Achaimeniden, wie dort behauptet, so einfach zu erklären gewesen wäre, warum wusste kein Grieche davon, obwohl sie doch mit den Persern Handel trieben und teils im Perserreich wohnten? Es bleibt also leider die Unsicherheit. Die Kartenmaler hinderte sie nicht daran, jahrhundertelang das Meer mit roter Farbe zu kennzeichnen.

Warum eine Marketingstrategie heiß umkämpfte Märkte »Rote Ozeane« nennt und Märkte, auf denen man mit neu geschaffenen Produkten konkurrenzlos wäre, »Blaue Ozeane«, das muss man W. Chan Kim und Renée Mauborgne fragen, die dringend zu ihrer »Blue Ocean Strategy« raten. Ich halte es dagegen lieber mit der Strategie »Blaues Meer genießen, vielleicht mit einem Gläschen Wein«, schließlich schrieb Homer und mit ihm andere antike Autoren der Griechen gern von der weinfarbenen See.

# Der Pazifik

## Friedlich, still – zumindest in der Hoffnung

In Vicenza kann man sein Haus mit der schönen altfranzösischen Inschrift leicht finden. Gleich hinter der prächtigen Piazza dei Signori geht hinter dem Palladio-Denkmal links eine Gasse hinab, und schon nach fünfzehn Metern steht man vor Antonio Pigafettas Palazzino in der Via Pigafetta. An der Basis des Hauses kann man in zwei Steinrahmen eine Inschrift in altem Französisch lesen: »IL N EST ROSE« »SANS ESPINE«. Dass keine Rose ohne Dornen sei, erfuhr der Edelmann, als er die abenteuer- und wunderreiche Fahrt um die Welt mitmachte, die Fernão de Magalhães oder Ferdinand Magellan 1519 mit fünf Schiffen antrat, auf der allerdings der Führer der Expedition starb und die meisten seiner Leute. Ein Schiff und 18 Mann kamen nach der Erdumrundung 1522 in Spanien wieder an. Pigafetta überlebte auch und schrieb sogar einen Bericht über die lange, lange Fahrt voller Rosen und Dornen.

Großzügig benannte Magellan, wie Pigafetta es erzählt, Inseln, Meerengen und sogar einen Ozean. Um diesen allein soll es hier gehen, er ist ja auch groß genug, sogar der größte. Viele der anderen Namen verdanken sich sowieso bloß den Heiligentagen, an denen man zufällig eine Bucht zum ersten Mal sah, ein Kap oder eine Insel. Nun ja, manchmal lief es schon anders ab, so kurz vor dem erlösenden Anblick des Pazifiks. Im Süden Südamerikas erstreckt sich ein solches Gewirr von Inseln und Kanälen, dass Magellan und seine Mannschaft 1520 schier verzweifelten. Immer wieder musste man umkehren, litt man dazu noch unter Stürmen. Dann war es so weit, wie Pigafetta schreibt, dass ein Erkundungsboot Erfolg hatte: »Es kehrte nach drei Tagen zurück, und die Matrosen berichteten uns, dass sie das Kap und ein großes Meer gesehen hätten. Der Generalkapitän weinte vor Freude und nannte das Kap ›Das ersehnte Kap‹. Er gab ihm den richtigen Namen, denn wir hatten lange genug darauf gewartet, dieses Kap zu erreichen. Damit hatten wir eines der großen Ziele unserer Fahrt erreicht. Aber noch viele andere warteten auf uns.«

Dass der dahinter sich unendlich weit erstreckende Ozean sie am 28. November 1520 friedlich empfing und lange Zeit meist friedlich fahren ließ, das verschaffte ihm seinen Namen. Im Lateinischen heißt »pacificus« eben »friedlich«. Dieses »mar pacifico« findet man schon 1555 in englischen Quellen und 1863 in deutschen Kartenwerken. Hierzulande hatte man früher allerdings schon eine Übersetzung vorgenommen, die sehr weit verbreitet war und manchmal noch heute zu hören ist, wenn jemand vom »Stillen Ozean« spricht. Außerdem gab es noch über Jahrhunderte die schlichte und überaus passende Bezeichnung »Großer Ozean«, schließlich ist er der größte. Beide Bezeichnungen hielten sich sehr lange. *Andrees Handatlas* von 1899 verzeichnet immer noch »Stiller Ocean« und darüber »Großer Ocean«. Und Karl May nannte einen ganzen Roman *Am Stillen Ocean*. Ende des 19. Jahrhunderts und weit ins 20. hinein sprach man in Deutschland deshalb gar nicht so häufig vom »Pazifik«.

Dabei hatte eine Initiative der Royal Geographical Society in London 1850 international verbindliche Benennungen der Seegebiete, darunter natürlich »Pazifik«, vorgeschlagen, die 1863 auch in Deutschland übernommen wurden. Doch es dauert, bis sich solche Neuregelungen durchsetzen, schließlich benutzte man Atlanten

Der stille Ozean

und Karten viel länger als heute, dann gab es noch literarische Werke und den allgemeinen Sprachgebrauch. Da sind die zwei Generationen, die es etwa brauchte, um dem Pazifik in Deutschland zum Durchbruch zu verhelfen, nicht viel.

Bleibt ein kleines Kuriosum nachzutragen. Wer »Pazifik« oder im Englischen »Pacific« sagt, verwendet eigentlich ein Adjektiv, das sich dem »pacifico« Magellans verdankt. Deshalb sagte man ja auch dementsprechend lange Zeit »Pazifischer Ozean« oder »Pacific Ocean«. Die Faulheit siegte, zumal es keine Verwechslungsgefahr gab, schließlich auch in diesem Fall.

### Träumen vom anderen Meer? oder Wie Leoncico und Vasco Núñez de Balboa die Südsee entdeckten

Schade eigentlich, dass die Entdecker so selten ihre Haustiere als Namenspatrone verwendeten, sonst hieße die Südsee »Leoncico-Meer«, auf Deutsch »Löwchen-Meer«. Immerhin war angeblich allein sein treuer und kampferprobter Hund Leoncico bei Vasco Núñez de Balboa (1475–1519), als der 1513 als erster Europäer das Meer westlich und südlich von Panama sah. Eine scheußlich verlustreiche Expedition lag hinter ihm, bei der weder Einheimische noch seine Begleitsoldaten geschont wurden und dementsprechend viele umkamen. All die Strapazen nahm der Spanier auf sich, um etwas zu finden, das vertrauenerweckende Indianer als »ein anderes Meer« (»otro mar«) bezeichnet hatten, wo es viel, sehr viel Gold gebe. So etwas lockt mit Leichtigkeit 190 Spanier westwärts durch den Dschungel, dazu etwa 100 einheimische Träger und ein paar gefürchtete Kampfhunde wie Leoncico, die auf Indianerzerfleischen abgerichtet waren. Am 25. September erreichte die Resttruppe eine Bergkuppe, von der aus man den neuen Ozean sehen können sollte. Balboa, eifersüchtig den ersten Blick verteidigend, befahl allen Expeditionsteilneh-mern zurückzubleiben – na ja, vielleicht bis auf Leoncico –, und klet-terte zum Berggipfel der Sierra Quarequá hinauf. Von dort aus sah er tatsächlich im Süden einen Golf, den er wenige Tage später »San Miguel« nannte, weil es dessen Heiligentag war, dahinter aber eine weite Wasserfläche, das »andere Meer«. »La Mar del Sur«, »Das Meer des Südens«, nannte er es; freilich nicht aus eigener Fantasie. Andere Spanier hatten zuvor schon den Namen verwendet, als ihnen Einhei-mische davon berichtet hatten. Von den Siedlungen Santa María de la Antigua del Darién oder Careta aus gesehen erstreckte sich diese See ja wirklich weit in den Süden hinaus, außerdem passte der Aus-druck als Gegenbegriff zu einer Bezeichnung des Atlantiks als »Mar del Nort«. Vorsichtig, wie Balboa war, blieb er in seinen Briefen, bei-spielsweise an König Ferdinand V., gleichwohl vor der eigentlichen Entdeckung lieber beim allgemeinen »anderen Ozean«. Dass es sich dabei eigentlich um den Pazifik handelte – einen Teil davon – und damit das größte Meer der Welt, konnte damals noch niemand wis-sen. Auch Magellan noch nicht, der sieben Jahre später den Pazifik benannte.

Das Meer des Südens nahm Balboa schon von der Bergkuppe aus in Besitz, zur Sicherheit aber ein zweites Mal, als er mit 27 spa-nischen Kumpanen – und Leoncico – die Küste erreicht hatte, indem er feierlich in die Fluten stieg mit Banner und Schwert, um ausführ-lich und umständlich alles in Besitz zu nehmen, was zu dieser Süd-see gehörte oder je gehört hatte oder gehören würde. Dass die Gezei-ten hier wesentlich extremer ausfielen als auf der Seite der Karibi-schen See, bemerkte Balboa am 17. Oktober, als er mit Kanus an der Küste entlangfuhr – neben dem salzigen Wasser ein weiterer Beweis für den Meercharakter der Wasserfläche. Ob Leoncico wasserscheu oder wasserliebend war? Niemand weiß es. Was man aber aus den vor Ort erstellten feierlichen Urkunden weiß: Kreuze wurden geschlagen und in Bäume geritzt, alles aufgeschrieben, und so besaß die spanische Krone das Meer des Südens und alles Angrenzende; zumindest vom Anspruch her.

Obwohl die Forscher, Seefahrer und Entdecker in den folgenden Jahrzehnten recht bald bemerkten, wie riesenhaft dieses Meer des Südens oder diese Südsee war, blieben sie bei dem Namen. Ob aus Bequemlichkeit oder Unkenntnis der wahren Ausdehnung, ist unklar. Auf diese Weise existierten die Namen »Südsee« und »Pazifik« lange Zeit nebeneinander, bis schließlich nur noch die inselreiche Meer-

Balboa

gegend Ozeaniens, also Polynesien, Melanesien und Mikronesien, oft sogar Polynesien allein »Südsee« genannt wurde.

Legendär wurde das Gebiet dann allerdings erst im 18. Jahrhundert durch die Berichte von Louis Antoine de Bougainville, der Tahiti als »Neues Kythera« – Kythera war in der Antike die Insel der Venus – bezeichnete, und durch Bücher von James Cook bzw. seinen wissenschaftlichen Begleitern Georg Forster oder Joseph Banks. Sie schrieben über die edlen, schönen, friedlichen und unschuldig liebesfreudigen Einheimischen Tahitis und weiterer Inseln der Südsee, über eine Art Paradies, in dem die Natur dem Menschen ein Leben in angenehmstem Klima und allgemeiner Sorglosigkeit ermögliche.

Literaten, Opernkomponisten, Maler – vor allem Paul Gauguin –, später auch Regisseure und Schlagertexter beuteten diesen neuen Mythos unermüdlich aus, bis heute. Was da an Südseeklischees entstand, hatte mit den tatsächlichen Zuständen in diesem riesigen Gebiet oft nur wenig bis gar nichts zu tun oder gar nichts mehr. Denn schrecklich zerstörerisch und tödlich wirkte sich die Herrschaft der Europäer in dieser Inselwelt aus. Die Klischee-Industrie kümmerte sich nicht um die hässliche historische Wahrheit eingeschleppter Krankheiten, Versklavungen, provozierter Kriege, Ausrottungen. Selbst die Atombombentests der USA und Frankreichs übertünchte man mit mächtigen Großbuchstaben-Gemeinplätzen unter dem Namen »Südsee«. Er allein setzt eine muntere und fast immer positive Assoziationsfolge in Gang: Blütenketten, mandeläugige Hula-Bastrocktänzerinnen, Korallen mit grellbunten Fischschwärmen, geheimnisvolle Tätowierungen, Einbäume oder Auslegerboote im Licht eines Technicolor-Sonnenuntergangs, Palmen mit großen Kokosnüssen und Cocktails an der Bar.

Die meisten Klischees beziehen sich allerdings nur auf die Menschenwelt der Inseln, dabei besteht doch das riesige Gebiet ganz überwiegend aus Meer. So überwiegend, dass man auf einem Globus oder Atlas innerhalb der weiten Südsee die Landpartikel bei korrekt verwendetem Maßstab überhaupt nicht darstellen könnte, weil sie viel zu winzig wären.

## »Mehr Meer?« Eher nicht

Die Namensvielfalt der Südsee beginnt schon bei der Bezeichnung des Gebietes: Der Malaiische, Indische, Ostindische, Südostasiatische oder auch Indonesische Archipel – vor 100 Jahren gern noch Insulinde oder Inselindien genannt – bedeckt eine so ungeheure Fläche, dass man sich erst einmal nicht wundert über eine zweite Menge, an Meernamen nämlich. In diesem Wimmelbuch der Natur hatte die menschliche Benennungsfantasie reichlich zu tun, weil die großen und kleinen Inseln gleich myriadenweise auftauchen aus dem Meer: Ungefähr 20 000 sollen es sein. Aber was sag ich »aus *dem* Meer«? Es finden sich in diesem Gebiet, das den Indischen Ozean vom Pazifik trennt, aber sie auch verbindet, viel mehr Meere als sonst auf der Welt. Allein die Reihe ihrer Namen klingt wie Poesie: Arafurasee, Balisee, Bandasee, Camotessee, Celebes- oder Sulawesisee, Ceramsee oder Seramsee, Golf von Bone oder Boni, Floressee, Halmaherasee, Javasee, Straße von Makassar, Mindanao- oder Boholsee, Molukkensee, Philippinensee oder Philippinisches Meer, Samarsee, Savusee, Sibuyansee, Sulusee, Timorsee, Golf von Tomini, Visayassee.

Forscher bezeichnen die Meertopografie dieses riesigen Gebietes mit seinen vielen Gräben, Becken, Kanälen als die komplexeste weltweit. Die begrenzenden Landmassen um die Meere herum bestehen zwar jeweils nur aus Inseln, dafür aus teils gewaltig großen, sodass man mit Recht diese See auch »Australasiatisches Mittelmeer« nennt, was naheliegt, so zwischen den beiden Kontinenten und den umgebenden Inseln. »Archipel« passt aber am besten, da die Meere die Landfläche derartig übertrifft und die Meere immer wieder nur sporadisch von Inseln durchzogen und gepunktet sind.

Gemeinsam ist den vielen Meeresteilen, dass sie – bis auf die beiden Buchten und die Arafurasee – nach ebendiesen Inseln benannt wurden; ein Verfahren, das schon die antiken Griechen im Mittelmeer einsetzten, wo die »Meere«, besser Meeresteile, teils noch wesentlich kleiner ausfielen als diese im östlichen Indischen Ozean.

Ach ja, die Arafurasee und ihr Name – ein schön polyglott schimmerndes Geheimnis. In *Brewer's Dictionary of Names, People, Places and Things* liest man angenehm vorsichtig, dass die See »ihren Namen vielleicht von dem der ›Alifuru‹ nimmt, das Volk, das hier auf den Molukken lebt. Ihr Name könnte das einheimische Wort ›halefuru‹, unbewohnt(-e Gegend), aufnehmen, Bezug nehmend auf den allgemeinen Status der Inseln.« Es könne aber Arafurasee auch portugiesischen Ursprungs sein, eine Art Verwurstung aus dem Wort »Alfours«, das »Freie (Menschen)« bezeichnet habe. Immerhin gibt es im heutigen Portugiesisch noch »alforriar«, das »freilassen« und »loskaufen« bedeutet, und seit der portugiesische Seefahrer Jorge de Meneses 1526 als erster Europäer auf Neuguinea gelandet war, trieben sich tatsächlich allerlei Landsleute von ihm in der Gegend herum. Überzeugend klingt das trotzdem nicht so recht, zumal es noch einen Hinweis in einem Toponymlexikon gibt, dass die Bewohner der Molukken sich »Kinder der Berge« genannt hätten, in ihrer Sprache »Anak anak gunung« oder »haraforas«, was doch schon sehr nach Arafura klingt. So wollen es auch holländische Marineoffiziere in den 1830er-Jahren gehört haben, deren Aufzeichnungen wiederum vom Engländer George Windsor Earl 1839 genutzt wurden, um seine *Sailing directions for the Arafura Sea: compiled from the narratives of Lieuts. Kolff and Modera of the Dutch Navy* zu verfassen, offenbar das erste Buch, in dem die Arafurasee erwähnt wird.

Männer-Meere/Frauen-Meere

Auf eine entzückende Meernamen-Besonderheit stieß ich im Süden dieser Region im Bereich der großen Insel Timor. Sie ist geteilt in eine indonesische und eine selbstständige Hälfte, Osttimor, sie trennt aber auch selbst zwei Meere mit sehr unterschiedlichem Charakter. Im Süden breitet sich die deutlich unruhige, ja stürmische Timorsee aus. Frei nach dem spanischen Sprichwort »Wäre das Meer verheiratet, es wäre ruhiger« nennen Bewohner Timors sie »Tahi calu« oder »Tasi-Mane«: »Männermeer« oder »Meer des Mannes«. Im Norden Timors dagegen erstreckt sich die sehr große und vergleichsweise ruhige Bandasee, die deshalb in zwei der mindestens zwei Dutzend Sprachen der Insel »Tahi tupuric« oder auch »Tasi-Feto« genannt wird, was auf Deutsch »Frauenmeer« oder »Meer der Frau« bedeutet. Sehr kurios, dass ein zweites Frauenmeer existiert, in Ostfriesland, Landkreis Aurich, nur elf Meter tief, kreisrund, eine sogenannte Pingo-Ruine. »Pingo« heißt in Inuitsprachen »schwangere Frau«, »Beule«, und so heißen auch durch Eislinsen hinaufgepresste Hügel. Beim Abschmelzen des Eises fallen sie in sich zusammen und hinterlassen einen Erdwall und einen Trichter, mit Wasser gefüllt, die Pingo-Ruine. Wie das Frauenmeer eben. Warum das so heißt, sollen andere erkunden, denn ein Meer ist das nun wirklich nicht. Schäferhundzüchter haben sich der geografischen Bezeichnung angenommen und dabei allerliebste Hundenamen produziert: Cäsar vom Frauenmeer, Dago vom Frauenmeer, Bella vom Frauenmeer, Dax vom Frauenmeer.

Auch Männermeere außerhalb des Malaiischen Archipels lassen sich finden, wenngleich nur in der Kunst. So richtig reizvoll scheinen sie nicht zu sein, wie der Song SCHEISS MÄNNER von Trynamite beweist. Die Großbuchstaben betonen die Enttäuschung zusätzlich, sodass folgende beide Zeilen nicht besonders überraschen: »... alle Männer in meinem Männermeer sind nur Penner & keine Männer mehr ...«

## Der Eiserne Kanzler in der Südsee
## oder Über das Ende deutscher Kolonialträume
## und deren Reste auf Seekarten

Die Großen der Weltgeschichte bleiben manchmal auf kuriose Weise im kollektiven Gedächtnis gespeichert. Daraus macht der geniale Regisseur Ernst Lubitsch in seinem nicht minder genialen Film *Sein oder Nichtsein* von 1942 einen hübsch bösen Witz: »They named a brandy after Napoleon, they made a hering out of Bismarck and the Fuehrer is going to end up as a piece of cheese.« (»Man nannte einen Brandy nach Napoleon, machte aus Bismarck einen Hering, und der Führer wird enden als ein Stück Käse.«) Mit dem Hitler-Harzer wurde es dann nichts, weil die Verbrechen des Diktators ins Unermessliche wuchsen. Dafür hält sich der sogenannte Eiserne Kanzler gleich doppelt in der Alltagssprache, einmal national mit dem Bismarckhering, einmal international mit dem Bismarckarchipel.

Heute, da die Träume von der Deutschen Südsee längst dahin und weitgehend verblasst sind, wundern sich manche vielleicht, was der Alte vom Sachsenwald bei Neuguinea zu suchen hatte. Nichts, lautet die einfache Antwort, insofern er den Pazifik nie gesehen hat. Doch einiges, bedenkt man seinen Einfluss auf die kolonialen Abenteuer deutscher Firmen im Pazifik seit Mitte des 19. Jahrhunderts und des jungen Preußen-Kaiserreichs von 1870 ff. Bismarck betrachtete Kolonien grundsätzlich nüchtern, erkannte sie als finanziell belastend, außenpolitisch heikel, ohne doch die große politische Bedeutung des Themas überhaupt zu missachten. So propagierte er am 26. Juni 1884 im Reichstag zwar, »weniger in der Form der Annektierung von überseeischen Provinzen an das Deutsche Reich vorzugehen als in der Form von Gewährung von Freibriefen«, ja, er sprach sogar von »Kolonialschwindel«. Besonders im Wahlkampf des Herbstes 1884, aber auch schon davor, nahm er das Thema jedoch aus strategischen Gründen auf. Zu kurz gekommen fühlten sich nämlich viele Deutsche, die umso gieriger nach den letzten Stückchen des Kolonialkuchens in Afrika, Fernost und eben in der Südsee schnappten. Dazu kamen einflussreiche Bankiers, Großhändler, Reeder, die Geschäfte witterten.

Das Land, die Bewohner, die Rohstoffe allein genügten dem Nationalstolz allerdings nicht zur Bestätigung eines fast maßlos bedürftigen Selbstbewusstseins. Namen mussten her! Endlich mehr deutsche Namen auf der Weltkarte! Den Engländern folgen! So forderten die *Alldeutschen Blätter* 1894: »Das aber, was uns endlich noch geblieben ist, das sollten wir wenigstens von Grund aus deutsch zu machen suchen. Die englische Kolonisation überzieht das Land mit englischer Sprache und Sitte, mit englischem Recht, und gerade durch das Aufdrängen seiner Sprache gegenüber noch ungesitteten Völkern hat der Engländer ihr eine solche Verbreitung über die ganze Welt geschaffen.« Mehr als Ansätze gab es schon, aber umständliche, wie derselbe Artikel beklagt: »Wie lange muß wohl der Papua buchstabieren, bis er ›Kaiserin-Augusta-Fluß‹ sprechen und gar schreiben lernt, und Kaiser-Wilhelmsland könnte ebenso gut einfach Wilhelmsland heißen.«

Besonders benennungsfreudig erwies sich der Forschungsagent des Neuguinea-Konsortiums Otto Finsch, der 1884/85 mit dem 111-Tonnen-Dampferchen *Samoa* um Neuguinea fuhr und dabei, wie er 1902 in der Zeitschrift *Deutsche Erde* schrieb, so vorging: »Ich pflegte daher in meinen Notizen alle bemerkenswerten Punkte (Kaps, Flüsse u. s. w.) vorläufig zu numerieren und erst später die Nummern durch Namen zu ersetzen, wegen denen ich natürlich nicht erst in Berlin die Erlaubnis des ›Konsortiums zur Vorbereitung und Errichtung einer Südsee-Insel-Kompanie‹ einholen konnte.« 125 Namen waren schließlich zu finden. Fröhlich patriotisch gab es bald den Berlin-, den Finsch- und den Kronprinz-Friedrich-Wilhelm-Hafen, den Prinz-Wilhelm-Fluss und »ein ›Bismarck-Gebirge‹, gewaltig und unvergänglich groß wie der Träger des Namens«. Eine weitere Expedition, diesmal von Vizeadmiral a. D. Georg Freiherr von Schleinitz, brachte weitere 100 Namen auf die Karte Neuguineas und der angrenzenden Südseeinseln. Otto Finsch berichtet über deren Zusammenstellung: »von Schleinitz hat in ihnen, an der Spitze acht kaiserliche und königliche Prinzen, vorzugsweise Heer und Flotte verewigt (26 Heerführer von 1813–1871, in Neu-Pommern 7 Admirale), der Bundesstaaten (12) gedacht, aber auch die Gelehrtenwelt hervorragend geehrt (mit 13 Vertretern in Neu-Guinea und 17 in Neu-Pommern) [...]«. Finsch zitiert in seinem Artikel auch Kritik an »der heillosen Namensverwirrung, die Eigenliebe und Servilismus in der deutschen Südsee angerichtet haben«, dass man vor allem mehr die einheimischen Namen hätte berücksichtigen sollen. Gerade das zweite Argument kann er gut abschmettern, da es auf der Rieseninsel ungeheuer viele Sprachen gebe, deshalb sehr viele Namen für

Kolonialkuchen

dieselben Orte, die zudem kaum in westlichen Sprachen wiederzugeben seien, zumal jedes Dorf sie anders ausspreche. Finsch erwähnt für ein Atoll der Marshallinseln allein folgende Varianten: Kwajalein, Kwajalen, Quadelen, Kwojelen.

Dann doch lieber Bismarckarchipel und Bismarcksee. Das kam deutschen Muttersprachlern leicht über die Lippen. 1885 sorgte der Kolonialbeamte Gustav von Oertzen dafür, dass der Archipel so heißen sollte. Das hatte mit der Beliebtheit und Bedeutung des Reichskanzlers zu tun, aber auch mit persönlichen Verbindungen zur Familie, die schon mindestens seit Mitte des Jahrhunderts bestanden. Im zweiten Buch von Bismarcks *Gedanken und Erinnerungen* schreibt dieser über jenen: »Der mecklenburgische Gesandte, Herr von Oertzen, mein ehrlicher und conservativer Gesinnungsgenosse in dualistischer Politik«, womit wohl Jasper von Oertzen gemeint sein dürfte. Vom Archipel bekam dann auch die Bismarcksee ihren Namen, wobei lustigerweise außerdem ein Expeditionsschiff *Bismarck* in dieser früheren Kolonialzeit sich forschend in den Gewässern herumgetrieben hatte.

Von der Deutschen Südsee blieben ein paar Lehnwörter in einheimischen Sprachen und nur wenige topografische Bezeichnungen, da nach der Niederlage des Reiches im Ersten Weltkrieg die Deutschen mit ihren Namen vertrieben wurden. Warum sich Bismarck auf den internationalen Karten halten konnte? Vielleicht, weil man wusste, dass er den schrecklichen, den Großen Krieg, wie er in Frankreich und England noch heute genannt wird, unbedingt verhindern wollte und vielleicht sogar verhindert hätte. Und nach dem Zweiten Weltkrieg hatte sich der Name so richtig eingebürgert, ja hatte durch die triumphale Versenkung des Schlachtschiffs *Bismarck* sogar einen angenehmen Klang für britische Ohren.

## Der schmucke Weise
## oder Korallenmeer und Salomonensee

Sie grenzen aneinander und scheinen wie füreinander geschaffen, denn in den alttestamentarischen Geschichten und mehr noch in den späteren Märchen und Legenden über den sagenhaften König und Weisen werden immer wieder auserlesene Kostbarkeiten erwähnt. Korallenmeer und Salomonensee, klingen beide Bezeichnungen nicht wunderbar poetisch?

Zwischen ihren Benennungen liegt freilich gewaltig viel Zeit. Schon 1568 kamen die spanischen Entdecker Pedro Sarmiento de Gamboa (1532–1592) und Álvaro de Mendaña de Neira (1542–1595) auf einigen pazifischen Inseln an, auf denen sie immerhin Spuren

von Gold fanden. Sie hofften, wie vor ihnen schon andere, die sagenhafte Insel Ophir gefunden zu haben, woher König Salomon Gold und edle Hölzer in großer Menge per Schiff bekommen haben soll. Dass die Seefahrer sich über die Entfernungen, die sie zurückgelegt hatten, viel zu große Hoffnungen machten, und über die, die nach Israel zurückzulegen wären, viel zu geringe Vorstellungen, kam erst wesentlich später heraus. Ihre Berichte über die Inseln weit westlich von Amerika in der südlichen See inspirierten jedenfalls immer mehr, über die salomonischen Inseln zu spekulieren. Um 1600 findet man die »Insulae Salomonis« auf vielen Karten, wobei sie in der Regel viel zu nahe an Neuguinea herangerückt werden. Wegen der so ungenau angegebenen Lage dauerte es weitere 200 Jahre, bis westliche Seefahrer die Salomonen wiederentdeckten, die inzwischen eine mythische Aura entwickelt hatten. Erst mit Walfängern und Missionaren kamen um 1800 mehr Europäer auf die Salomonen. Die See umher blieb lange unbenannt, wurde auf deutschen Kolonialkarten Ende des 19. Jahrhunderts offenbar nur als Teil des Korallenmeers gesehen. Auch *Andrees Allgemeiner Handatlas* von 1899 führt die Salomonensee nicht auf, auch nicht die Bismarcksee.

Ähnlich lange dauerte es, bis das Korallenmeer zu seinem Namen kam, obwohl Entdecker wie Luiz Váez de Torres, William Dampier oder James Cook genügend Gelegenheit hatten, die Haupteigenheit dieses Seegebiets kennenzulernen: Riffe, Untiefen, Korallenbände. Die *Endeavour* scheiterte sogar am 11. Juni 1770 – und mit ihr Cook – beinahe an einem Teil des Barriereriffs, das heute fast nur noch unter der englischen Bezeichnung »Great Barrier Reef« bekannt ist. Der erste Umsegler Tasmaniens und Australiens, Matthew Flinders (1774–1814), kam dann endlich auf die Idee, dieses für Schiffe so hochgefährliche Meer »Coral Sea« zu nennen. Das setzte sich noch schneller durch als sein Vorschlag, den fünften Kontinent »Australia« zu nennen.

## Gar kein Teufel
## oder Abel Janszoon Tasman und seine See

In der Trickfilmversion lernte ich ihn kennen, den Tasmanischen Teufel: böse, laut, gierig, ein wenig tumb. In Wirklichkeit verhalten sich die Tiere ziemlich gerissen, laut, gierig. Tasmanien ist ihre Heimat. Um die Insel breitet sich die Tasmanische See aus. Bis nach Australien. Abel Janszoon Tasman (1603–1659), der mit allem Recht berühmte holländische Entdecker und Seefahrer, leiht ihr seinen Namen. Er selbst tat es allerdings nicht, denn er war sehr bescheiden, nannte die Insel nach dem Generalgouverneur von Niederländisch-Indien, in dessen Auftrag er unterwegs war, Anthoony van Diemenslandt, kurz Van-Diemens-Land, und auch Neuseeland, das er als erster Europäer sah, mit einem anderen Namen seiner Heimat, Generalstaaten, nur »Staten Landt«, das Meergebiet aber gar nicht extra. Heute erstreckt sich die Tasmanische See zwischen Tasmanien und Australien auf der westlichen, dem Korallenmeer auf der nördlichen, Neuseeland auf der östlichen und dem Südpolarmeer auf der südlichen Seite. Doch warum heißt es nicht Van-Diemens-See und -Insel? Es liegt an den Strafkolonien, die seit 1803, als die Engländer die Insel übernahmen, entstanden. So streng, ja unmenschlich ging man mit den ungefähr 75 000 Gefangenen um, dass sich ein überaus übler Ruf mit dem Namen verknüpfte. Als 1855 die Van-Diemens-Insulaner zu einer selbst verwalteten Kolonie wurden, baten sie um die königliche Erlaubnis, die schlimme durch eine positive Bezeichnung ersetzen zu dürfen, und erhielten sie. Wer anders als ihr Entdecker hätte sich angeboten, und so tagten die Parlamentarier 1856 erstmals unter dem neuen, stolzen, unbelasteten Namen »Tasmania«. Dem schloss sich die Benennung der Seefläche an. Beides sehr zu Recht und überzeugend.

# Toll, so ein Atoll!

B ei all den Heiligen ist es einfach, die Weltgegenden zu benennen.
So hielten es die Entdecker des 15. und 16. Jahrhunderts oft. Auch
Kolumbus verchristlichte mit Vorliebe Indios, Orte, Festungen oder
Inseln, am besten nach dem Heiligen- oder Feiertag, der gerade im
Kalender stand, also San Salvador, La Navidad, Santa María de la
Concepción, Dominica, was übrigens einfach »Sonntag« heißt. Hispaniola jedoch taufte er eigentlich »La Isla Española«, also »Die spanische Insel«, was die feindlich gesinnten Briten in »Hispaniola«,
also »Kleinspanien«, veränderten. Die von den Einheimischen ge-
brauchte Benennung »Kiskeya« dagegen wollten die Neuankömm-
linge nicht verwenden.

Zum Glück verlief es ganz anders bei Inselgebilden, die zu einem Gutteil aus Meer bestehen. Oder wie sollte man ein Atoll ohne
seine Lagune definieren können? In der Regel denkt man bei diesem
schönen Wort an Südsee, vielleicht sogar an die Malediven, deren
Hauptstadt Malé auf dem Teil eines Atolls liegt, einem Motu. Klingt
exotisch? Ist exotisch.

Im 19. Jahrhundert erst wanderte der Begriff bei uns ein, aus
dem Englischen, doch verbreitet hatte ihn bereits lange vorher ein
wahrlich abenteuerfester Seefahrer aus Frankreich: François Pyrard
de Laval (1578–1621). Der geriet nach einem Schiffbruch auf den
Malediven, genauer gesagt auf dem Goidhoo-Atoll, mit Kameraden

in eine fünf Jahre während Gefangenschaft. Nicht faul, lernte der Franzose Dhivehi, die Sprache der Atollbewohner. Dass die ihre besonders schöne Inselheimat »atolhu« oder »atulo« nannten, lernte er rasch und erwähnt es in seinem 1607 geschriebenen Buch *Voyage de François Pyrard de Laval*. Dort definiert er ein Atoll so: »Koralleninsel, die einen mehr oder weniger geschlossenen Ring um eine innere Lagune bildet.« Gut gesagt! Kaum später als Pyrard de Laval widmete sich auch der viel gelesene englische Geistliche und Reiseliterat Samuel Purchas (ca. 1577–1626) dieser »Vielheit kleiner Inseln«, die er, vielleicht gräzisierend, als »Atollon« bezeichnete. Weit vor den beiden, nämlich im Jahr 1343, hatte freilich schon Ibn Battuta diese bezaubernden Gebilde betreten und beschrieben, ohne ihren heimischen Namen zu übernehmen. Auch nicht das schöne Wort »motu«, das im Polynesischen »Inselchen oder Eiland« bedeutet und die einzelnen Teile eines Atolls, soweit sie bewachsen sind, bezeichnet.

Für die Wasserfläche im Inneren des Atolls dachten Entdecker unserer Breiten heimatverbunden europäisch an »Lagune«; offensichtlich kein Dhivehi-Wort. Man muss nur an die berühmte Lagune von Venedig denken. Die nämlich faszinierte deutsche Händler sehr, und so brachten sie das Wort ab dem 16. Jahrhundert aus Italien mit. Im *Teutschen Merkur* von 1784 erfährt man sogar in der Atoll-Definition etwas mehr über das italienische Wort: »Korallen-Klippen, welche einen Kreis bilden und innerhalb derselben eine Lagune oder eine Art von kleinem See einschließen.« Genau daran dachten die Römer wohl, als sie Meerflächen, die von der offenen See durch Klippen, Felsen, schmale Landstreifen abgetrennt waren, als »lacuna« bezeichneten. Das war eine Verkleinerungsform von »lacus«, was »der See« hieß. Von der viel bewunderten venezianischen Lagune emanzipierte sich der Name und taugte nun dazu, auch exotische Gebilde zu bezeichnen, die exotische Klischees bis hin zu Filmen wie *Die blaue Lagune* erblühen ließen.

Man findet in der Südsee aber tatsächlich klischeeblaue Lagunen und fast schon so viele wie Sand am Meer, weil dort ganze Archipele von Atollen existieren. 78 Stück bilden beispielsweise den Tuamotu-Archipel, dessen Seefläche zwei Millionen Quadratkilometer umfasst. Aufmerksame Leser haben gleich »motu« als Namensbestandteil wiedererkannt, und aus dem Polynesischen übersetzt heißt der Name des Archipels etwa »Entfernt liegende Inseln«. Der Entdecker Louis Antoine de Bougainville hatte sie im 18. Jahrhundert »Gefährliche Inseln« genannt, und noch heute gehört der Archipel zu Französisch-Polynesien.

Der Begriff »Archipel« weist ebenfalls auf Europa hin. Er bezeichnet auch seerechtlich etwas Besonderes, wie das Seerechtsübereinkommen der Vereinten Nationen (SRÜ; englisch *United Nations Convention on the Law of the Sea*, UNCLOS) festhält. Darin heißt es im Artikel 46: »Im Sinne dieses Übereinkommens a) bedeutet ›Archipelstaat‹ einen Staat, der vollständig aus einem oder mehreren Archipelen und gegebenenfalls anderen Inseln besteht; b) bedeutet ›Archipel‹ eine Gruppe von Inseln einschließlich Teilen von Inseln, dazwischenliegende Gewässer und andere natürliche Gebilde, die so eng miteinander in Beziehung stehen, daß diese Inseln, Gewässer und anderen natürlichen Gebilde eine wirkliche geographische, wirtschaftliche und politische Einheit bilden, oder die von alters her als solche angesehen worden sind.«

Historisch galt das vor allem und zuallererst für die Ägäis. Dieses bedeutende Insel- und Meergebiet trug in byzantinischer Zeit (395–1204 n. Chr.) den Verwaltungsbezirksnamen »Aigaion Pelagos«, also »Ägäisches Meer«. Diese Bezeichnung verballhornte wohl der Venezianer Marco Sanudo, der am vierten Kreuzzug teilgenommen und das Gebiet zu einem eigenen Herzogtum gemacht hatte. Das nannte er 1207 »Herzogtum von Naxos« oder »Dodekanesos« oder »Archipelagos«. Wörtlich übersetzt hieße der griechische Ausdruck so viel wie »Erzmeer«, ähnlich wie »Erzbischof«, also sozusagen das »Meer der Meere«. Er bezog sich auf ein Herrschaftsgebiet mit etlichen Inseln und den Meeresgebieten dazwischen. So verbreitete sich der Ausdruck für die Ägäis in Venedig und über Händler in Europa. Im Zeitalter der Entdeckungen traf man dann in vielen Weltgegenden auf ähnliche Inselansammlungen, auf die der ehrwürdige Name als Gattungsbezeichnung übertragen wurde. Im 18. Jahrhundert verkürzte sich bei uns unter französischem Einfluss das Wort von »Archipelagus« – wie die latinisierte Form lautete – zu »Archipel«. Ein Alltagswort wurde es auch dadurch nicht, es behielt seinen poetischen Klang, der Dichter anzog, Politiker, Tourismusmanager. So entstanden schwärmerische Bezeichnungen wie »Archipel der tausend Inseln«. Das ist der japanische Name der Kurilen, aber auch werbender Slogan für Kroatien, die Seychellen, das Gebiet um die Insel Chiloé und die Inselwelt im Sankt-Lorenz-Strom. 22 Staaten erheben heute nach dem internationalen Seerechtsübereinkommen Anspruch auf den Archipelstatus, darunter Antigua und Barbuda, Kap Verde, die Dominikanische Republik, Fidschi, Indonesien, Jamaika, die Komoren, die Malediven, Papua-Neuguinea, die Philippinen sowie die Seychellen.

Weltberühmt wurde der Ausdruck nach 1973, weil der Nobelpreisträger Alexander Solschenizyn seinen bekanntesten Roman *Der Archipel GULAG* betitelte. Plötzlich klang das Wort bedrohlich, unheimlich. Es beschrieb die stalinistische UdSSR als eine Art Reich, das als Fläche definiert worden sei einerseits durch das Meer des Alltags, andererseits durch die unmenschlichen, isolierten, überall im Reich verteilten Inseln von Straflagern, psychiatrischen Anstalten, Geheimgefängnissen und ähnlichen Gewaltinstitutionen, zu denen auch der Straflagerkomplex Kolyma am gleichnamigen Fluss in Ostsibirien gehörte. Solschenizyn schreibt im Prolog seines Romans: »Kolyma aber war die größte und berühmteste Insel, ein Grausamkeitspol in diesem sonderbaren Land GULAG, das die Geographie in Inseln zerrissen, die Psychologie aber zu einem festen Kontinent zusammengehämmert hat, jenem fast unsichtbaren, fast unspürbaren Land, welches besiedelt ist von besagtem Volk der *Seki*.

Das Inselland ist eingesprenkelt in ein anderes, das Mutterland; kreuz und quer durchsetzt es seine Landschaft, bohrt sich in seine Städte, überschattet seine Straßen – und trotzdem haben manche nichts geahnt, viele nur vage etwas gehört, bloß die Dortgewesenen alles gewußt.

Doch als ob sie auf den Inseln des Archipels die Sprache verloren hätten, hüllten sie sich in Schweigen.«

# Stille Nacht, stiller Tag
## oder Kalmen, Doldrums, Rossbreiten

Ein Flauto traverso gehört zu den Blasinstrumenten, die im Englischen den schönen Namen »wind instruments« tragen. Die Flaute charakterisiert dagegen die Abwesenheit von Wind. Wie das zugeht? Der ähnliche Klang verführt die Ohren. Tatsächlich gehen die Wörter auf unterschiedliche Wurzeln zurück. »Flatuare« oder »flatare« heißt im Lateinischen »andauernd/wiederholt blasen« und führte zu unserer Flöte, sogar zu einem gezierten Ausdruck für den Magenwind oder vulgo Furz, die »Flatuleszenz« nämlich. Dagegen bedeutete »flou« im Französischen »sanft, weich«, woraus sich erst im Niederdeutschen die Bezeichnung für den schwächlichen, dann im Hochdeutschen, wo aus langem u ein au wurde, die für den Gar-nicht-Wind ergab.

So gefürchtet war die Flaute zu Segelschiffzeiten, dass sie bis heute redensartlich geblieben ist und sehr häufig dann verwendet wird, wenn kein Geschäft die Finanzsegel bläht oder es sonst irgendwo nicht vorwärtsgehen möchte.

Schon in den Geschichten vom Trojanischen Krieg kommt die große Flaute als göttliche Strafe vor. Weil der Heerführer Agamemnon eine heilige Hirschkuh geschossen hat, straft Artemis die ganze vor Aulis liegende Flotte mit Windstille. Erst als Agamemnon seine Tochter Iphigenie opfert, weht der Wind wieder; diese Tat wird ihn das Leben kosten.

Flaute

Unterschiedlichste Opfer brachten Seeleute trotzdem immer wieder unterschiedlichsten Göttern, um lange Flaute endlich zu beenden. Die Pferde gehörten aber nicht dazu, die man offensichtlich öfter über Bord warf. Wo? In den Rossbreiten oder auch Pferdebreiten. Diese seltsame Bezeichnung für Gebiete sehr häufiger Windstille verbreitete sich durch englischsprachige Seeleute. Sie fürchteten sich vor den »Horse Latitudes«. Der schöne Ausdruck setzte sich in Deutschland sicher auch durch den berühmten Weltreisenden Georg Forster durch. In seinem viel gelesenen Werk über seine und seines Vaters Fahrten mit James Cook in die Südsee und die südpolaren Gewässer, *Reise um die Welt* (1778/80), erwähnt er ihn und liefert die Erklärung für die seltsame Bezeichnung gleich mit: »Die Breiten, wo diese Flauten herrschen, werden von Seeleuten Rossbreiten genannt, weil sie tödlich für Pferde und anderes Vieh sind, die zum amerikanischen Kontinent transportiert werden.« Klar eigentlich, dass man bei langer Windstille in den Rossbreiten irgendwann kein Wasser mehr hat, um die Tiere zu tränken. Man schlachtete sie nach und nach notgedrungen, Leichen verendeter Tiere wanderten über Bord, was drei Vorteile hatte: Sie mussten nicht qualvoll verdursten, die Mannschaft hatte weniger Konkurrenten ums Wasser, dafür mehr Proviant oder wenigstens Platz. Zwei Gebiete dieser Art und dieses Namens befinden sich auf der Erde, etwa zwischen 25° und 35° nördlicher bzw. südlicher Breite.

In der ursprünglich auf Englisch verfassten *Reise um die Welt* schrieb Forster übrigens von den »calms«. Das Wort stammt wie das italienische »calma« oder das französische »calme« aus dem Lateinischen, wo »calor« so viel wie »Hitze« bedeutete. »Calma« und »calme« bezeichneten die Ruhe bei großer Hitze und wurden im Lauf der Zeit speziell von den Seeleuten auf die Flaute bei großer Hitze bezogen. Im 16. Jahrhundert schon übertrug man das Wort ins Deutsche, musste es aber noch erläutern, so 1587: »Calme ist wenn es gar haiß, trucken und windstill, daß man weder hinder sich noch für sich kann.« Noch im 18. Jahrhundert war das Wort im Deutschen auch als Verb bekannt. Man sagte: »das Schiff bekalmet« oder »das Schiff ist bekalmt«, wenn es in eine Flaute geriet. Unter Seeleuten und Geografen ist denn auch der Kalmengürtel bekannt, der sich rund um die Erde erstreckt. Hier hat ein Segelschiff sehr häufig Flaute, weil – vereinfacht gesprochen – in diesem Bereich heiße Luftmassen aufsteigen, die Passatwinde aufeinandertreffen und sich gegenseitig aufheben. Mittägliche Gewitter gibt es im Kalmengürtel auf See freilich schon, auch stürmische, weshalb die niederdeutschen Bezeichnungen »Mallungen« oder »Mallpassat« einleuchten, denn »mall« heißt unter anderem »verrückt«.

Nicht nur englischsprachige Seeleute kannten auch den Ausdruck »Doldrums« dafür. Wahrscheinlich entstand er erst im 18. Jahrhundert, als Überquerungen des Äquators häufiger wurden. Der seemännische Spezialausdruck könnte mit »dold«, einem alten Wort für »dumm, dumpf«, zu tun haben, das mit einer Hauptwortnachsilbe »-rum« verbunden worden ist. Obwohl man aus leidvoller Erfahrung wusste, dass in dieser Tropenzone mittägliche Regenfälle, Böen, Stürme die langen Flautenphasen unterbrachen, fürchtete man diese selbst am meisten. Hitze und Windstille trieben schier in den Wahnsinn. So dichtete Samuel Taylor Coleridge in *The Rime of the Ancient Mariner* über eine tropische Pazifikflaute:

| | |
|---|---|
| All in a hot and copper sky, | Am heißen Kupferfirmament, |
| The bloody Sun, at noon, | Hoch überm Maste, thront |
| Right up above the mast did stand, | Die glut'ge Sonn' zur Mittagszeit, |
| No bigger than the Moon. | Nicht größer als der Mond. |
| Day after day, day after day, | Wir lagen Tage, Tage lang; |
| We stuck, no breath no motion; | Kein Lüftchen rings umher! |
| As idle as a painted ship | Wie ein gemaltes Schiff, so träg, |
| Upon a painted ocean. | Auf einem gemalten Meer. |

*Übersetzung: Ferdinand Freiligrath*

Ganz unpoetisch spricht man in Geografenkreisen von den großen Flautengebieten am Äquator als »Innertropischer Konvergenzzone«. Sie und die Rossbreiten sind Teile des hochkomplexen globalen Luftzirkulationssystems, dem ich mich im Kapitel über die Seewinde noch näher widme.

# Der Atlantik

»Ich unglückselger Atlas!« oder Wie der Erdträger
zum Meernamensträger wurde und warum unsere
großen Kartenbücher so heißen

Was muss das für ein Kerl sein! Hält das Himmelsgewölbe auf seinem Rücken. Oder die Erde. Oder alles zusammen. Oder er hält sie auseinander. Die Überlieferungen einigten sich da nie. Von Herkules ließ er sich angeblich überlisten, nachdem er ihn zu überlisten versucht hatte. Von Perseus wurde er in ein Gebirge versteinert.

Herrlich, wie viele Geschichten es über den gigantischen Riesen Atlas gibt. Mit allem Recht! Er begleitet uns noch heute als gewaltiges Gebirge in Nordafrika, als Namensgeber des zweitgrößten Meeres der Erde, als US-amerikanische Rakete und als Namenspatron eines unsterblichen Mythos: Atlantis. Wer er war?

Darüber streiten sich schon die antiken Schriftsteller. Der Sohn des Titanen Iapetos soll er gewesen sein. Seine Mutter war vielleicht Asia oder – passend für einen Meernamensgeber – Klymene, eine Tochter des Okeanos und der Tethys; Sie wissen schon, das Götter-Geschwisterpaar. Einer seiner Brüder war der erfindungsreiche Titan Prometheus. Atlas nahm eine weitere Tochter des Okeanos und der Tethys zur Frau, also seine Tante, was unter griechischen Göttern nichts Ungewöhnliches war und seine Meerbindung sicher noch verstärkte. Aber wie kam er zu seinem Himmelsträgerjob? Wohl weil er sich, wie viele Varianten seines Mythos erwähnen, an dem erfolglosen Aufstand der Titanen gegen die Götter des Olymps beteiligt hatte. Die zeigten sich wenig gnädig und wiesen ihm, wie es heißt, die Strafe zu, das Himmelsgewölbe immer hübsch emporzuhalten, damit ein rechter Abstand zur Erde eingehalten werde. Eine mühsame, eine langweilige Aufgabe. Wie er sie schulterte, ob er sie überhaupt schulterte, darüber streiten die Mythenerzähler schon wieder. Die einen meinen, er trage das Universum auf seinem Rücken, die Nächsten, auf dem Kopf, die Dritten, auf den Schultern, die Vierten, er stemme sich gegen die Säulen, die das Himmelsgewölbe stützten. Es gibt sogar die Variante, Atlas sei kein tumber Träger gewesen, sondern der überaus wichtige Wächter der Säulen des Herakles. Sie begrenzten nach Überzeugung vieler Griechen noch des 5. Jahrhunderts vor Christus das Mittelmeer, ja sogar die Erde als eine Art Warnzeichen, das zu überfahren gefährlich und nicht ratsam sei. Dabei hatten die Phönizier und später auch griechische Händler sich zuvor schon in den Atlantik hinausgewagt und Cornwall, angeblich sogar das sagenhafte Thule erreicht. Vielleicht wollte man die Konkurrenz klein halten? Klar! Vor allem die Phönizier unterhielten über Jahrhunderte eine recht wirksame Seeblockade, die durch Geschichten über grässliche Monster, glibberige Meere und andere Schrecken noch überzeugender wurde.

Da die Säulen – eigentlich die Berge zu beiden Seiten der Straße von Gibraltar – angeblich die Erde begrenzten, konnte man auf die Idee kommen, der Himmel ruhe dort auf ihnen. Also musste der Himmelsgewölbeträger Atlas auch dort zu finden sein. Und was lag näher, als das Meer dahinter als Teil des großen erdumfließenden Stroms Okeanos mit seinem Namen zu bezeichnen, also: »Atlantikón pélagos« oder »Atlantikè thálassa«, zu Deutsch: »Atlantisches Meer«, eigentlich sogar »Meer, das zum Atlas gehört«, oder vielleicht eher im Sinne von »Meer, das an den Atlas grenzt/stößt«. Diese Bezeichnung, die der antike Geograf Eratosthenes (276/273–194 v. Chr.) auch schon verwendete, ersetzte immer mehr, freilich nie ganz, die alten Namen »Westliches Meer« oder »Meer im Westen«.

So übernahmen auch die Römer den Namen »oceanus Atlanticus«, benannten ihn ehrfürchtig, erschien ihnen dieses Westmeer doch weit gefährlicher als das vertrautere Mittelmeer. Und so fand der Atlantik seinen Weg in die Kartenwerke folgender Generationen und Kulturen.

Dass sich die Kurzform durchgesetzt hat, liegt mal wieder an der menschlichen Grundeigenschaft, genannt »Faulheit«. An Bord der Schiffe mit englischsprachiger Besatzung sprach man schon vor dem 19. Jahrhundert immer wieder vom »Atlantic« und sparte sich das »Ocean« hinterher. So übernahmen es erst deutsche Seeleute ab 1800 und schließlich auch die Landratten allhier. Heute heißt ein berühmtes Hotel in Hamburg so, eine Seife »Atlantik« gab es mal in blaugrüner Wellenform, ein Dutzend Städte in den USA, nicht gezählt die Hauptdarstellerin neben Susan Sarandon und Burt Lancaster in dem gleichnamigen wunderbaren Film Louis Malles: *Atlantic City, USA*.

Auch Atlas selbst lebte munter weiter. Weil die Sage ihn zum Träger gemacht hatte, nannte man in der Architektur Säulen in Figurenform »Atlanten«, in der US-amerikanischen Raumfahrt Trägerraketen und in der Anatomie den Trägerwirbel, der mit dem Dreher zusammen unser Nicken und Kopfschütteln erlaubt, »Atlas«. Es gibt auch noch viel mehr Verwendungen seines Namens, aber zwei müssen unbedingt noch erwähnt werden, obwohl die eine nicht einmal etwas mit ihm zu tun hat, aber beide mit dem Thema des Buches.

Dabei steht in keinem vernünftigen Atlas Atlantis. Diesen großartig geheimnisvollen Inselkontinent dachte sich wohl, wofür sehr viel spricht, der griechisch-antike Philosoph Platon aus. Nur in zwei seiner Texte, *Timaios* und *Kritias,* findet man diesen Mythos nämlich: erstaunlich, bedenkt man, wie gern die Griechen sich solche Geschichten erzählten. An seiner Überheblichkeit, Machtgier und an totaler Hybris soll Atlantis – »größer als Asien und Libyen zusammen« (Platon) – mitsamt seinen Bewohnern 9000 Jahre vor der Zeit des griechischen Philosophen im wahrsten Sinne des Wortes zugrunde gegangen sein. Die göttliche Strafe für die menschliche Unmäßigkeit war nämlich: Erdbeben, Riesenwelle, Untergang. Weg war Atlantis. So weg, dass noch niemand überzeugende Spuren gefunden hat. Das hindert Fantasten, Pseudowissenschaftler, Alchemisten, Esoteriker und sonstig scharlatanisches Gelichter natürlich nicht daran, sich auf die Insel und ihre gloriose Vergangenheit zu berufen. Da lese ich lieber Heftchen und Comics mit dem Helden Atlan, der – klar – auch daher stammen, ja dem »Kontinent« seinen Namen gegeben haben soll. Den hatte freilich Platon sich wohl deshalb ausgedacht, weil er seine politisch lehrreiche Inselgeschichte wahrscheinlich draußen im Atlantik ansiedelte und damit für seine griechischen Leser weit hinter dem damals bekannten Erdkreis. Dass der Atlantik nach Atlantis benannt worden sein soll – Humbug!

Bleibt der Atlas, in dem die vielen schönen Meeresbezeichnungen stehen. Gerhard Mercator (1512–1594), der vielleicht berühmteste Kartograf aller Zeiten, führte diesen Namen für umfassende Weltkartenwerke ein. Seines – erst postum 1595 erschienen – nannte er: *Atlas sive Cosmographicae Meditationes de Fabrica Mundi et Fabricati Figura* (Atlas oder kosmografische Meditationen über die Schöpfung der Welt und die Form der Schöpfung) … Es lag nahe, dass er dabei an den Titanen dachte, da sein Kartenwerk die ganze Erde in sich trug. Auf der Titelseite dieses ersten Atlas sieht man einen kräftigen Mann, der mit einem Zirkel einen Globus vermisst. Darunter aber einen zweiten Globus, der unverkennbar die Erde ist. Es handelt sich beim oberen um einen Himmelsglobus. Gegen die Deutung des

Atlas

Mannes als Titan spricht sein weißes, langes Haupt- und Barthaar: Sonst sieht man ihn, den Himmelsträger, nämlich als Muskelprotz in seinen besten Jahren. Der Atlas, den Mercator als Namenspatron wählte, ist in Wirklichkeit der mythische König Mauretaniens gleichen Namens, der als Gelehrter sich besonders für Wissenschaften allgemein, die Geografie und die Gestirne im Besonderen begeistert haben soll.

# Ein altes und ein neues Meer
## oder Der Äthiopische Ozean

Auf historischen Karten findet man immer wieder an der Stelle des Südatlantiks vor der westafrikanischen Küste einen überraschenden Namen: »Ethiopischer« oder »Äthiopischer Ozean«. Dabei liegt doch Äthiopien in Ostafrika. Seltsam.

Rekonstruiert man antike Karten wie die des besonders einflussreichen Eratosthenes, wird die Sache klar. Afrika hört bei ihm im Westen knapp unterhalb der Straße von Gibraltar auf, hat die Form einer waagrechten Krummdolchklinge, deren Spitze im Westen, deren immer größere Breite im Osten liegt und von Äthiopien eingenommen wird. Darunter nimmt Eratosthenes ein Meer an, das sich an den Atlantik anschließt. Es liegt seiner Ansicht nach zwischen Atlantik im Nordwesten und dem »Roten Meer oder Indischen Ozean« im Osten, alle drei waren Teile des Weltmeeres Okeanos. So war Eratosthenes auch der Meinung, man könne – was ungeheure Bedeutung für die späteren Entdeckungsfahrten der Frühen Neuzeit hatte – wegen der Kugelgestalt der Welt auch nach Westen, also auf dem Atlantik, fahren, um nach Indien zu gelangen: »Denn die gemäßigte Zone«, zitiert ihn der antike griechische Geograf Strabon, »in der wir leben, sei größer [als angenommen] und bildet, wie die Mathematiker sagen, indem sie sich mit sich selbst verbindet, einen Kreis, so daß wir, wenn es die Größe des atlantischen Ozeans nicht verhinderte, von Iberien nach Indien auf derselben Parallele fahren könnten ...« Damit hatten er und andere antike Geografen schon recht, nur lag außer der tatsächlichen Größe des Atlantiks auch noch der amerikanische Doppelkontinent als Grenze dazwischen.

Das »Äthiopische Meer« aber gibt es heute nicht. Noch nicht. Der Ausdruck hat für Geologen nämlich durchaus Aktualität. Forscher gehen davon aus, dass am afrikanischen Riftgraben, der sich

3000 Kilometer von Malawi bis zum Golf von Aden erstreckt, Prozesse im Gange sind, die zu einem neuen Ozean, dem Äthiopischen eben, führen werden. Wann? In einigen Millionen Jahren. Immerhin hat das Kind schon einmal einen Namen.

## Ein paar Tausend Kilometer zwischen Irischer und Schottischer See

Die Eigensinnigkeit der Kelten kennt man natürlich aus den Asterix-Comics. Sie ist keine Erfindung Albert Uderzos (*1927) und René Goscinnys (1926–1977), sondern von vielen römischen Autoren und Feldherren historisch überliefert. Als die Römer weite Teile Englands erobert hatten, gerieten sie mit Skoten, Caledoniern, Pikten und anderen Kelten immer wieder in kriegerische Konflikte. Nachschub für ihre Truppen bekamen sie über den »fretum Gallicum«, die »Gallische Meerenge«, wo noch heute die Fährschiffe von Calais nach Dover fahren. Händler aus dem Mittelmeer nutzten auch den »occeanus Hibernius / mare Hibernium« oder später »Ibernicus«, der nach der westlich von England gelegenen Insel Hibernia und deren Bewohnern, den Hiberniern, benannt wurde. So sprachen jedenfalls die Römer die älteren griechischen Bezeichnungen wie »Ierne« und »Iverne« aus, weil sie das kalte Land an winterliche Verhältnisse erinnerte und ihr Wort für »winterlich« so ähnlich klang, nämlich »hibernus«. Dass daraus dann im späten Mittelalter die Irische See wurde, liegt an der altirischen Bezeichnung »Ériu«, die zum englischen »Ireland« und zu unserem »Irland« wurde. So weit, so einfach.

Verständlich auch, dass die Irische See, manchmal »Manx Sea« nach der Isle of Man genannt, insgesamt mit dem St.-Georgs-Kanal identifiziert wurde oder mit dem »Virginium mare«, das in der Antike eigentlich die Fläche der heutigen Keltischen See südlich Irlands, westlich Englands und Frankreichs bezeichnete.

Doch was soll man davon halten, dass auf modernen Karten die Schottische See schon mal im Südlichen Ozean liegt, zwischen Argentinien und der Antarktis? Auf alten Karten, die Ptolemäus folgen, gibt es die Bezeichnung nur indirekt: »oceanus deucaledonius«, worin »Caledonier« als ein Name schottischer Stämme steckt, doch erstreckt sich das Meergebiet um Island herum oder gar noch nördlicher. Bei Schottland steht außer »Oceanus Germanicus«, oft in unterschiedlichen Sprachen, »Nordsee«, dann auch mal »Occeanus Iperboreus« oder »Oceanus Hyperboreus«, wobei auch der oft viel nördlicher zu finden ist als Schottland, so auf der Höhe Grönlands. Die Hyperboreer waren ein sagenhafter Volksstamm, der noch nördlicher als im Norden gelebt haben soll, wörtlich »hinter/über dem Nordwind Boreas«. Da, wo die Schottische See liegt, in der Antarktis, müsste sie eher »hinter/über dem Südwind« heißen. Dorthin brach 1902 der schottische Wissenschaftler William Speirs Bruce (1867–1921) auf, der innerhalb von gut zwei Jahren eine immense Fülle an Daten sammelte, die noch der heutigen Ozeanografie und Klimaforschung wertvoll sind. Wichtige Dienste leistete ihm das für wissenschaftliche Zwecke umgebaute Walfangschiff *Hekla*, das Bruce aus Nationalgefühl umbenannte: *Scotia*. Als die International Hydrographic Organization in den 30er-Jahren des letzten Jahrhunderts die Namen der Meere zu standardisieren und zu spezifizieren suchte, ehrte man die bedeutende Expedition, indem man einen Teil des antarktischen Meeres nach dem Schiff »Scotia Sea« benannte. Leider wissen das manche deutsche Institutionen nicht und übersetzen die Bezeichnung ins Deutsche mit »Schottische See«, was zu Irritationen führt.

## Die Bernsteinküste der Baltischen See

Die meisten Ausländer müssen nachfragen, sprechen wir von der Ostsee. Das Unverständnis verwandelt sich rasch in Erkenntnis, wenn wir in unseren Erklärungsversuchen irgendwann erwähnen, dass die baltischen Staaten dort liegen. Wer Albanisch spräche, sagte erfreut »Ah, Deti Balti«, Tschechen »Ah, Baltské moře«, Englischsprechende »I see, the Baltic Sea«, Franzosen »Ah, la Mer Baltique«, ein Kroate »Ah, Baltičko more«, was der Russe ebenso verstünde, der Italiener »Mar Baltico«, der Pole »Bałtyk«, der Spanier »Báltico«, und alle wären zufrieden. Höchstens wir murrten, denn irgendwie ist die Ostsee doch auch unsere. Das sehen Dänen und Schweden ähnlich, in deren Sprachen sie auch so heißt, wenngleich sie »Baltische See« oder »Baltik« auch verständen. Und ein Mal tanzen selbst die Finnen nicht aus der Reihe, denn sie nennen das Binnenmeer genauso: Itämer. »Itä« heißt »östlich, Osten«, »meri« »Meer«. Die Letten und Litauer übrigens halten sich, wie es sich für Balten gehört, an die ihnen adäquate und damit an die Mehrheitslösung, indem sie sagen »baltijos/baltijas jūra«.

Ob Ostsee oder Baltisches Meer, das Brackwasserbecken, um es ungalant, aber hydrologisch doch korrekt zu bezeichnen, gehört mit ungefähr 8000 oder 15 000 Jahren (je nach Definition) zu den Junioren in der Meerfamilie. Im Neolithikum konnte man gleichsam zusehen, wie die Gletscher sich zurückzogen und das Schmelzwasser die baltische Badewanne füllte. Vor gut 2000 Jahren etwa kannten die Griechen und Römer das Gewässer wegen des von dort kommenden Bernsteins, der mit seinem Farbspiel, seiner Wärme, den ab und zu darin eingeschlossenen Insekten und der elektrischen Aufladbarkeit faszinierte. Der Geschichtsschreiber Tacitus nannte 98 nach Christus in seiner *Germania* die Ostsee nach dem bekannten Stamm der germanischen Sueben, die südlich davon gehaust haben sollen,

89

»mare Suebicum«. Eine exakte Vorstellung von den geografischen Verhältnissen hatte der Mann freilich nicht, vielmehr urteilte er nur nach dem Hörensagen. Gelehrte übernahmen seine Bezeichnung über viele Jahrhunderte. Germanische Stämme, die südwestlich siedelten, hielten das Meer für die Ostsee, einfach von der Lage her, und so ging es in die germanischen Sprachen Dänisch und Schwedisch ein.

Tacitus

Warum, so stellt sich der Laie wie der Fachmann die Frage, funkte im hohen Mittelalter dann der Kleriker und Historiker Adam von Bremen dazwischen, der in meiner Heimatstadt Bamberg viel Bildung erworben hatte, aber erst im Norden groß herauskam. Er war einfach klug, weit gereist in dem Gebiet, über das er schrieb, und neugierig zugleich. In seiner Darstellung *Gesta Hammaburgensis ecclesiae pontificum* findet sich der erste Nachweis des Baltischen Meeres. Der Historiker ist sich dabei der Namensvielfalt, ja -verwirrung bisher sehr bewusst und schreibt in einer Anmerkung: »Das mare orientale [Ostsee] oder mare Barbarum [Meer der Barbaren] oder mare Scithicum [Meer der Skythen] oder mare Balticum [Meer der Balten] ist ein und dasselbe, welches Marcianus und alte Römer Scithische oder Meothische Sümpfe oder Ödnis der Geten oder Scithische Küste nannten.« Die letzten Namen belegen die Vorstellung der griechisch-römischen Antike, dass unsere Ostsee direkt ans Schwarze Meer anschließen könne, denn dessen Ausbuchtung, die heute Asowsches Meer heißt, nannten die Griechen »Mäotis« nach den dort wohnenden Mäoten, die Römer »palus Maeotis«, »Mäotischer Sumpf«. Von der gewaltigen Ausdehnung des europäischen Kontinents vom Schwarzen Meer nach Norden hatten die alten Griechen noch keine Vorstellung. Im Text selbst stellt Adam von Bremen klar: »Dieser Meeresarm heißt bei den Anwohnern, weil er sich wie ein Gürtel (›balteus‹) lang durch die skythischen Länder bis nach Griechenland hinzieht, der ›Baltische‹, ›Barbarenmeer‹ oder auch ›Skythensee‹ nach den barbarischen Völkern, die an ihm wohnen.« Diese Idee mit dem Gürtel, dem Belt, nach dem die Wasserstraßen Großer und Kleiner Belt hin zur Nordsee ja noch heißen, überzeugt eigentlich schon.

Seltsam, dass in der Antike bereits Plinius der Ältere und einige andere Autoren eine sagenhafte Bernsteininsel namens Baltia, Balcia oder Basilia erwähnen, die doch schon so sehr ähnlich wie die Baltische See klingt. Das lateinische Wort »balteus« wiederum heißt »Gürtel«. Das sei ein etruskisches Wort, meinten die Römer. Von den Römern sollen die germanischen Sprachen das Wort übernommen haben; denken Sie an »belt« im Englischen. Hm. Schwierig. Heißt nun das Meer nach der Insel? Die Insel nach der Gürtelform des so benannten Meeres? So ganz wird sich das Geheimnis wohl nie lüften lassen.

### Höhne nie die See! oder Der Blanke Hans

Sind es Spitznamen? Kosenamen? Oder Ehrennamen? Immer wieder nannten Menschen Meere so, dass man sie rufen konnte, verhöhnen, bitten. Recht bekannt wurde in Deutschland der Name »Blanker Hans« für die Nordsee. Der unheimliche Reim »Mordsee« sollte vielleicht damit vermieden werden, der in einem alten Sprichwort vorkommt und noch 1976 als Titel für Hark Bohms Film *Nordsee ist Mordsee* diente.

Den Blanken Hans erwähnt der deutsche Pfarrer Anton Heimreich 1666 in seiner *Nordfresischen Chronik*, wobei die Bezeichnung sicher älter ist, wenn vielleicht auch nicht so alt, wie er es behauptet. Er berichtet nämlich vom Deichgrafen des Ortes Risum, der Mitte des 14. Jahrhunderts nach dem Bau eines Deiches in hybridem Stolz gerufen haben soll: »Trutz nun, blanker Hans!« Damit habe er die Nordsee gemeint. Die antwortete mit Macht. 1362 begann Mitte Januar die »Grote Mandrenke«, also die »Große Menschenertränkung«. Fast zwei Dutzend Deiche sollen zerstört worden sein, der legendäre Ort Rungholt versank vollkommen, kleinere Häuseransammlungen dazu. 7600 Menschen sollen damals gestorben sein, ungeheure Verluste an fruchtbarem oder schützendem Land gab es außerdem. Das Meer zerriss die Küste förmlich in Stücke. Kein Wunder, dass Heimreich noch 300 Jahre später davon schrieb und nach einem Grund suchte. Dem hochmütigen Deichgrafen gaben manche die Schuld, Heimreich erwähnt aber auch Rungholts blasphemische Bürger, die Schindluder mit einem Pfarrer und seinen liturgischen Geräten getrieben hätten, aus dem Hostienbehälter gesoffen und einem toten Schwein die Letzte Ölung hätten erstreiten wollen. Im Zorn über so viel Gotteslästerlichkeit habe der Pfarrer himmlische Rache erfleht, die – samt einer Warnung, der Geistliche solle rasch Land gewinnen – bald erfolgt sei, eben durch die große Sturmflut von 1362, die in anderen Chroniken und Quellen unzweifelhaft belegt ist.

Noch einmal 200 Jahre nach Heimreich kannte man den Ausdruck weiterhin, aber nur im Umfeld der Nordsee. Weit in die Lande trug 1883 eine der damals so beliebten Balladen den Blanken Hans. Im Stil der Zeit steigerte Detlev von Liliencron die Schuld, die Pracht, die Hybris, die Opferzahlen und hatte damit großen Erfolg. Und weil sie dem Blanken Hans so viel Verbreitung verschaffte, setze ich die Ballade einfach hierher:

Detlev von Liliencron
## Trutz, blanke Hans (1883)

Heut bin ich über Rungholt gefahren,
Die Stadt ging unter vor fünfhundert Jahren.
Noch schlagen die Wellen da wild und empört,
Wie damals, als sie die Marschen zerstört.
Die Maschine des Dampfers schüttert' und stöhnte,
Aus den Wassern rief es unheimlich und höhnte:
Trutz, blanke Hans.

Von der Nordsee, der Mordsee, vom Festland geschieden,
Liegen die friesischen Inseln im Frieden.
Und Zeugen weltenvernichtender Wut,
Taucht Hallig auf Hallig aus fliehender Flut.
Die Möwe zankt schon auf wachsenden Watten,
Der Seehund schon sonnt sich auf sandigen Platten.
Trutz, blanke Hans.

Im Ocean, mitten, schläft bis zur Stunde,
Ein Ungeheuer, tief auf dem Grunde.
Sein Haupt ruht dicht vor Englands Strand,
Die Schwanzflosse spielt nah' Brasiliens Sand.
Es zieht, sechs Stunden, den Atem nach innen,
Und treibt ihn, sechs Stunden, wieder von hinnen.
Trutz, blanke Hans.

Doch einmal in jedem Jahrhundert entlassen
Die Kiemen gewaltige Wassermassen.
Dann holt das Untier tief Atem ein
Und peitscht die Welle und schläft wieder ein.
Viel tausend Menschen im Nordland ertrinken,
Viel reiche Länder und Städte versinken.
Trutz, blanke Hans.

Rungholt ist reich und wird immer reicher,
Kein Korn mehr faßt selbst der größeste Speicher.
Wie zur Blütezeit im alten Rom
Staut hier täglich der Menschenstrom.
Die Sänften tragen Syrer und Mohren,
Mit Goldblech und Flitter in Nasen und Ohren.
Trutz, blanke Hans.

Zum Feste heut klingen Cymbeln und Zinken,
Aus den Fenstern mit Tüchern die Frauen winken
Und blättern Blumen in alle die Pracht –
Die Kirchen schloß wer aber über Nacht?
Die Rungholter wollen sich selbst regieren,
Und keine Zeit mehr mit Gott verlieren.
Trutz, blanke Hans.

Auf allen Märkten, auf allen Gassen
Lärmende Leute, betrunkene Massen.
Sie ziehn am Abend hinaus auf den Deich:
Wir trotzen dir, blanker Hans, Nordseeteich!
Und wie sie drohend die Fäuste ballen,
Zieht leis aus dem Schlamm der Krake die Krallen.
Trutz, blanke Hans.

Rungholts blasphemische Bürger

Die Wasser ebben, die Vögel ruhen,
Der liebe Gott geht auf leisesten Schuhen.
Der Mond zieht am Himmel gelassen die Bahn,
Belächelt der protzigen Rungholter Wahn.
Von Brasilien glänzt bis zu Norwegs Riffen
Das Meer wie schlafender Stahl, der geschliffen.
Trutz, blanke Hans.

Und überall Frieden, auf See, in den Landen –
Plötzlich wie Ruf eines Raubtiers in Banden:
Das Scheusal wälzte sich, atmete tief
Und schloß die Augen wieder und schlief.
Und rauschende, schwarze, langmähnige Wogen
Kommen wie rasende Rosse geflogen.
Trutz, blanke Hans.

Ein einziger Schrei – die Stadt ist versunken,
Und Hunderttausende sind ertrunken.
Wo gestern noch Lärm und lustiger Tisch,
Schwamm andern Tages der dumme Fisch.
Heut bin ich über Rungholt gefahren,
Die Stadt ging unter vor fünfhundert Jahren.
Trutz, blanke Hans?


## Da aalen sich alle Aale durch
## oder Die blasenreiche Sargassosee

Tückisch, der Name dieses Meergebiets. Gehört haben ihn die meisten im Biologieunterricht, wenn die Wanderung der Aale behandelt wurde, höchstens ein paar erinnern sich aber korrekt, denn viel,

viel bekannter ist die altehrwürdige spanische Stadt Saragossa. Sargasso, Saragossa – klingt so ähnlich, dass der bekanntere Name sich im Alltag auch für die See durchgesetzt hat. Dabei stammt die Stadtbezeichnung schon aus römischer Zeit, und es verbirgt sich »Colonia Caesaraugusta« dahinter. Über arabische Zwischenstufen wurde aus »Caesaraugusta« dann im Spanischen Zaragossa, das wir mit S schreiben.

Auf der Iberischen Halbinsel liegen wohl auch die Wurzeln der Bezeichnung Sargassosee. Sie rührt vom Meerpflanzenbewuchs her, der sich hier unerhört reichlich zeigt. Christoph Kolumbus stieß bei seiner Atlantiküberquerung auf dieses Phänomen, interpretierte den Tang jedoch als Gras und damit als Zeichen für Land. Tatsächlich ähneln die Schwimmblasen Beeren, die Blätter, die paarig von Stielen aus wachsen, Ästen. Weit vor ihm kannten portugiesische Seeleute bereits die von Tang durchzogene Meeresfläche, ohne deren Ausdehnung allerdings genau zu kennen. Das ist bis heute so, denn wirklich klare Grenzen besitzt die Sargassosee nicht, dafür natürliche, fließende. Vier Meeresströme definieren nämlich das riesige Gebiet, dessen Fläche größer als Mitteleuropa ist. Wie in der Mitte einer ungeheuren Strudelschüssel sammeln sich die Pflanzen. Beerentang, Golfkraut oder Sargassokraut heißt im Deutschen, was die Sargassosee prägt, zwei frei treibende Tangarten, die zur Familie Sargassaceae gehören – Sargassum natans und Sargassum fluitans – und wiederum nach dem Sargassomeer benannt wurden.

Es fragt sich also: Wieso kamen portugiesische Seefahrer auf den Namen? Drei Erklärungen konkurrieren miteinander. Sargassosee könnte mit den beerenartigen Schwimmkörpern der Tange zu tun haben, die einen weinliebenden Portugiesen an eine Traubenart namens »sarga« erinnerten oder einen hungrigen an einen Fisch namens »sargo« oder einen blütenbewundernden an eine Art Seerose, die man »sargao, sargaço« nannte, was dann später »Seegras«, »See-

97

tang« hieß; beides könnte mit dem lateinischen Wort »salix« für den Weidenbaum zusammenhängen. Mir gefällt – aller guten Dinge sind drei – die Gesamtheit am besten: ein Portugiese, der sich auf See, weil er Sargassum natans erblickt, plötzlich nach daheim sehnt, nach einem Fischgericht in einer Weinrebenlaube mit einem Wein, einem Weidenkorb mit Brot vor sich, und auf dem dekorativen Teich vor ihm erblüht eine Seerose, die ihn an seine Liebste erinnert. Hätte er das im 15. Jahrhundert in seinem Tagebuch festgehalten, hätte ein Nachfahre im 20. Jahrhundert, als man die Sargassosee als Laichgebiet des Europäischen und Amerikanischen Aals erkannt hatte, dieses fadomelancholische Lied schreiben können.

*Sargassosee-Fado*

Seetangstrang an Seetangstrang
grün-braun verschlungene
Wiege der Aale,
Aalhochzeitskammer im Auge der Strömung.
Unverwunden kommt keiner hindurch,
unverwundet die Aale alle, auch
– so scheint es –
zwei Verwunderte,
die sich aalten
eng und bang
im Tang
ein paar
leuchtend lange Momente lang.

Ach ja, kurz und traurig ist die Liebe bei den Anguillae, denn nach der Befruchtung und nach dem Laichen sterben alle Aale, deren Ver-

Sargassosee

dauungstrakt sich auf der langen Reise in Geschlechtsorgane verwandelt hat.

Manche definieren übrigens die Sargassosee sogar nach der Größe der Aallarven. Wo bis zu zehn Millimeter große Weidenblattlarven des Aals zu finden sind, müssen die Laichgründe sein und die Sargassosee. Hin und her trägt und treibt die Aale übrigens immer wieder der hilfreiche kraftvolle Golfstrom, der im nächsten Kapitel eine Hauptrolle spielen wird.

PS: Vielleicht beschrieb bereits ein Phönizier das seltsame Seegebiet. Chimilkât, in lateinischer Version Himilco, lebte im 5. Jahrhundert vor Christus und hinterließ eine ausführliche Beschreibung seiner See- und Entdeckungsreisen, die leider nur noch in Bruchstücken bei Plinius dem Älteren und Rufus Festus Avienus erhalten ist. Letzterer referiert Himilcos Beschreibung eines seltsamen Meeres, das in vier Monaten kaum zu überqueren sei: »So treiben keine Brisen auf breiter Front das Schiff vorwärts, / so steht still und träge das Nass des langsam fließenden Meeres. / Und er (der Punier Himilco) fügt jenes hinzu, dass inmitten der Meeresstrudel / sehr dichter Seetang auftaucht und oft nach Art von Gestrüpp / das Heck festhält. Dieser behauptet nichtsdestoweniger, / dass die Meeresoberflächen nicht in die Tiefe reichen / und durch das Wenige an Wassermassen kaum der Meeresboden überdeckt wird. / Immer würden auf dieser und jener Seite wilde Tiere des Meeres begegnen, / und zwischen den zäh vorankommenden und träge kriechenden Schiffen / Ungetüme schwimmen.« Wenn das nicht nach dem sehr breiten Atlantik, der Sargassosee und vielleicht Walen klingt. Sicher wissen wir es aber nicht. Berühmt und berüchtigt blieb das Meer bis weit in die Dampfschiffzeit hinein.

## Viele Piraten, viel Rum oder Die Karibik

Ein Depp, der bei dem Wort »Karibisches Meer« nicht gleich an Jack Sparrow denkt, an die *Black Pearl* und – wie hieß sie noch? – Orlando Knightley, äh, Keira Bloom, ach, Sie wissen schon. Auch ohne die erfolgreiche Filmreihe erfreute sich diese gesegnete Weltgegend großer Beliebtheit und vieler Besucher, aber mit ihrem Rückenwind wissen selbst Siebenjährige, dass Tortuga keine Schildkrötenart ist und Barbados nicht in Griechenland liegt. Ob sie auch alle an das Doppel-b im Titel denken? Von unserem Titel *Fluch der Karibik* unterscheidet sich der englische *Pirates of the Caribbean* ja dadurch. Warum nur?

Am besten, man fragt Kolumbus, die Caniben und die Kannibalen. Der Entdecker trägt nicht an allem Übel im Bereich der Westindischen Inseln die Schuld, doch seine Überzeugung, einen Teil Asiens erreicht zu haben, führte bei ihm zu kreativen, vielleicht gar bewussten Verhörern. Als ihm Bewohner der Inseln, auf denen er 1492 landete, von kriegerischen Stämmen anderer Inseln erzählten, zeichnete Christoph Kolumbus (1451–1506) deren Namen als Caniben auf: »Alle Leute, die er bis jetzt getroffen hat, sagte er, hätten sehr große Angst vor den Leuten aus Caniba oder Canima ...« Was die Insulaner wirklich sagten, weiß man nicht. Es könnte auch »calinha«, »calinago«, »cariba« oder so ähnlich gewesen sein, jedenfalls war es ein Name aus der Arawak-Sprache, der »die Starken« bedeutete. Warum Kolumbus lieber »Caniben« hörte? Er meinte darin den Nachweis zu finden, dass sie Untertanen des Großkhans seien, was seine Asienlandung untermauerte. Dass die Inselbewohner der Kleinen Antillen ihre Angst vor den Caniben oder eher den Cariben, wie Stämme auf dem Festland sich nannten, damit begründeten, die fräßen Menschen, hielt Kolumbus in seinem Bordtagebuch für übertrieben. Er erklärt den Gedanken damit, dass die entführten und versklavten Menschen niemals wiedergekommen seien. Vielleicht wollte man ihn auch erschrecken? Spanische Eroberer griffen die Geschichte mit den Menschenfressern in den folgenden Jahrzehnten auf und bedienten sich der Bezeichnung »Caniben«, woraus dann die »Kannibalen« entstanden.

Die Inseln und das zugehörige Meer bedachten die Spanier nicht gleich mit einer allgemeinen Bezeichnung, da sich die Ausdehnung der Karibik erst nach und nach zeigte. Die Bezeichnung »Westindische Inseln« überzeugte allerdings im 16. Jahrhundert schon. Der Meerteil südlich Kubas trägt auf einer Karte des frühen 17. Jahrhunderts den Namen »Sinus Iucatanus« nach der Halbinsel Yucatán, auf einer von 1719 steht »Golfe de Honduras«. Auf vielen Karten findet sich in Analogbildung zum »Mar del Zur« auf der östlichen Seite Mittelamerikas, also auch über der Karibischen See, »Mar del Nort«. Vielleicht war der Kartograf Abraham Ortelius (1527–1598) einer der Ersten, als er 1584 dann dies Meer »Mare Carebivm« nannte, was sich als Bezeichnung während der heftigen Kämpfe der europäischen Kolonialmächte in diesem Archipel der Westindischen Inseln immer weiter ausbreitete.

Karibik, das bezeichnet ja dreierlei, die Inseln, die Meerfläche mit den Inseln und nur das Meer. Bis heute wechselten sich noch viele weitere Namen ab wie »Archipel von Mexiko«, »Caraibisches Meer«, »Mer der Antillen / Antillenmeer«, »Mexikanisches Meer«, »Mexikanische See«, »Mexikanische Bay«, aber die Karibische See und die Kurzform Karibik setzten sich endlich international durch.

Wer den Filmtitel übrigens englisch vorträgt, sollte bedenken, dass beide Betonungen – die auf der zweiten und die auf der dritten Silbe – korrekt sind, also *Pirates of the Caríbbean* und *Pirates of the Caribbéan*. Nur dass kein Streit aufkommt, der ein Säbelduell provozierte!

# Der Viehtrieb der See oder
# Die großen Seeströme und die Drift

## Pragmatische Amerikaner und arrogante Engländer
## oder Der Golfstrom

Die Post sorgte in gewisser Weise für den Namen »Golfstrom«. Sie ist eine schöne, eine praktische Einrichtung. Geschäftsleute, Freunde, Tanten, Liebesleute schätzen ihr Eintreffen sehr. Vor 250 Jahren ersehnte man noch viel stärker als heute den Posttag, weil die Möglichkeiten, Nachrichten aus anderen Gegenden zu erhalten, so beschränkt waren. Als Benjamin Franklin (1706–1790) – ja, stimmt, genau der mit dem Blitzableiter, der Unabhängigkeitserklärung, der Dollarnote und vielem, vielem mehr –, als also der damals schon berühmte Franklin Stellvertretender Postmeister der amerikanischen Kolonien wurde, kümmerte er sich sofort und sehr erfolgreich um die Verkürzung der Brieflaufzeiten. Teils konnten sie erst 200 Jahre später unterboten werden. Allerdings konfrontierte man ihn mit Klagen, und auch er selbst wunderte sich, dass Sendungen von Amerika nach England deutlich rascher ankamen als umgekehrt. Der umfassend gebildete, experimentierfreudige und politisch denkende Franklin begnügte sich nicht mit dem Ärgern und Wundern, dachte nicht an Eingaben oder Beschwerden. Er dachte vielmehr nach, ob ein Zusammenhang mit den äußeren Bedingungen der Überfahrt bestehen könnte. Da fiel ihm sein Vetter Timothy

Folger aus Nantucket ein, der als Kapitän und Walfänger reiche At-
lantik-Erfahrungen besaß. Tatsächlich kannte Folger die Ursache. Er
antwortete Vetter Franklin, es gebe eine starke Meeresströmung im
Atlantik. Gegen die kämpften englische Postschiffe oft trotzig an, obwohl ihnen amerikanische Kollegen ebenso oft schon geraten hätten,
eine südlichere Route Richtung Westen zu nehmen. Rat von Kolo-
nistenschiffern beachteten stolze englische Seeleute natürlich nicht,
denen sei nicht zu helfen. Und dann zeichnete Folger noch eine
Karte des Nordatlantiks, auf der er die Position der Strömung ein-
trug.

Nun besitzt Stellvertretender Postmeister Franklin genügend
Material und Argumente, wie die lahmen Fahrten westwärts zu be-
schleunigen wären. Dies alles unterbreitet er am 29. Oktober 1768 seinem höchsten Vorgesetzten Anthony Todd, Generalpostmeister in
London. Wie überaus optimistisch und psychologisch ungeschickt,
denn Franklin vergisst den von Folger schon beklagten Stolz der Engländer, besonders Kolonisten gegenüber.

Die Karte mit den wertvollen Informationen wird dann immerhin doch gedruckt, in Frankreich, und von dort aus gelangt der Name

»Golfstrom«, den Franklin ihm gegeben hatte, in weiten Gebrauch. Franklin erforscht bei seinen vielen weiteren Atlantiküberquerungen systematisch weiter »seinen« Golfstrom.

So könnte die schöne Geschichte aus dem Jahr 1768 enden, so liest man sie auch vielerorts, manchmal sogar, Franklin sei der erste Erforscher oder Entdecker des Golfstroms. Seltsam nur, dass in aktuellen und historischen Nachschlagewerken immer wieder auf 1762 verwiesen wird, wenn es um die Namensgebung durch Franklin geht. Wie kann er sechs Jahre vor den Informationen seines Cousins den Golfstrom benannt haben? Die Antwort findet sich in einem Brief vom 27. Mai 1762 an John Pringle. Hier erklärt Franklin in einem anderen Zusammenhang: »Die Passatwinde, die über den Atlantischen Ozean konstant von Ost zwischen den Wendekreisen blasen, tragen eine Strömung an die amerikanische Küste und heben dort das Wasser über seinen natürlichen Stand an. Von hierher fließt es fort durch den Golf von Mexiko und die ganze nordamerikanische Küste entlang und noch über die Neufundlandbänke hinaus in einer starken Strömung, die von den Seeleuten ›Golf Strom‹ genannt wird.«

Franklin hatte offenbar längst von Seeleuten oder aus Büchern davon erfahren und eine Vorstellung von der Entstehung und ungefähren Richtung des Golfstroms entwickelt. Im späteren Fall der Postschiff-Verspätungen musste er nur genauer und ausführlicher werden, sich mit besseren Argumenten versehen, um seinen Vorgesetzten möglichst zu überzeugen.

Das Wissen um das nordatlantische Strömungssystem, zu dem der Golfstrom gehört, gab es ja schon lange vor Franklin. Als 1500 Pedro Álvares Cabral (ca. 1467–1526) bei den Kapverden in eine starke Westströmung geriet, erfreute es ihn und seine Begleitflotte ganz und gar nicht. 1513 fiel Antón de Alaminos (1482–1520) in der Nähe Floridas ein gewaltiger östlich fließender Meeresstrom auf, den er

1519 für seine Rückkehr nach Spanien nutzte. Mit zwei Monaten fiel diese für damalige Zeiten sehr kurz aus. Weitere Kapitäne und Entdecker berichteten von der Strömung, doch handelte es sich meist um vertrauliche Informationen. Selbst Veröffentlichungen wie die Walter Haxtons auf einer Karte von 1735 führten nicht zu einer allgemeinen Bekanntheit der Strömung. Dabei schrieb Haxton schon: »Es ist bei denen, die in den nördlichen Teilen Amerikas Handel treiben, bekannt, dass die Strömung, die aus dem Golf von Florida kommt, konstant die Küste von Carolina und Virginia entlangfließt und bedeutend weiter nordwärts, wobei sie ihre Richtung ändert, wenn sie von der Küste behindert wird. Wenn nun besagte Strömung immer in ungefähr demselben Teil oder Raum des Ozeans fließt (wofür ich, gemäß einer großen Anzahl Versuche und Beobachtungen, die ich auf 23 Reisen nach Maryland gemacht habe, Grund habe zu meinen, dass sie es tut), mag die Kenntnis ihrer Grenzen, Richtung und Stärke sehr nützlich für diejenigen sein, die Grund haben, in ihr zu segeln.«

Obwohl also seit Beginn des 16. Jahrhunderts das Strömungssystem, das alltagssprachlich und unrichtig insgesamt als »Golfstrom« bezeichnet wird, vielen Kapitänen im Ungefähren bekannt war und genutzt wurde, brachte erst Benjamin Franklin Methodik in die Erforschung und machte den Namen, weil er selbst verehrt wurde, berühmt.

Dass der Name höchst diskutabel ist und oft viel zu großzügig verwendet wird, darf nicht verschwiegen werden. Von einem eigentlichen Entstehen, und gar im Golf von Mexiko, kann keine Rede sein. Wasser strömt ihm von hier zu, aber er beginnt – soweit man bei einem Strömungssystem von Beginn sprechen kann – in der Floridastraße, zwischen den Keys und Kuba, endet südlich der großen Neufundlandbank, kurz vor dem Tiefseerücken, wo er sich aufteilt in eine nordöstliche, die Golfstromtrift, und eine südliche Strömung. Was man sonst noch so als »Golfstrom« bezeichnet, sind weitere Nordatlantikströmungen. In seinem liebevollen Buch *Lob des Golfstroms* stellt Érik Orsenna klar, dass »das Porträt des Golfstroms eher das einer Familie ist als das eines einzigartigen Helden ...«, denn er bestehe aus vielen, geradezu autonom wirkenden gigantischen Wirbeln und komme zustande wegen des Süd-Äquatorialstroms, der an der südamerikanischen Küste nordwestlich in die Karibik ziehe, wobei er Amazonaswasser mitnehme. Als wahrer Freund preist Orsenna ihn dann aber doch immer wieder wie einen Helden: »Zunächst einmal ist der Golfstrom eine Macht: fünfundachtzig Millionen Kubikmeter pro Sekunde am Kap Hatteras. Ein reißender Strom, zwischen fünfzig und hundert Kilometer breit und tausend Meter tief.«

Orsenna verschweigt dabei nicht, dass der berühmteste und zu zweifelhaften Katastrophenfilmehren gekommene Strom weit weniger unser Klima in Mitteleuropa erwärmt, als wir denken, weil viele andere Faktoren mit hineinspielen. Faszinierend und mächtig genug bleibt er, genügend Forschungsmasse für viele Forschergenerationen bietet er obendrein.

## Der Fischerjungen-Strom, die Peru Current oder Der bescheidene Humboldt

Auf dem spanischen Schiff *Pizarro* schreibt ein Deutscher in sein Tagebuch. Es ist der 16. Dezember 1800, und rundumher erstreckt sich die Karibik. Schwärmt er von Inseln, Sonne, Rum? Nein. Er notiert: »Da die Kenntnis der Strömungen zu Abkürzungen der Seefahrten wesentlich beitragen kann, so wäre es von so großem Belang für die praktische Seemannskunst, als wissenschaftlich von Interesse, wenn Schiffe mit vorzüglichen Chronometern im Meerbusen von Mexico und im nördlichen Ocean zwischen dem 30. und 54. Grad der Breite kreuzten, ganz eigens zu dem Zweck, um zu ermitteln, in welchem Abstand sich der Golfstrom in den verschiedenen Jahreszeiten und unter dem Einfluß der verschiedenen Winde von dem Vorgebirge von Hatteras und Codd hält.«

Der Deutsche war Alexander von Humboldt (1769–1858), nach dem der Golfstrom, Sie wissen es, nicht benannt wurde, weil er längst so hieß; zum Glück waren noch Ströme übrig. Humboldt nutzte damals die Gelegenheit der Südamerikareise, sich im äußeren Sinne en passant, tatsächlich aber wegweisend mit einem seiner vielen Forschungsgebiete näher zu beschäftigen, der Ozeanografie. In gleicher Weise findet man ihn zwei Jahre später wieder auf See, diesmal auf der *Castora* und wieder forschend, diesmal im Stillen Ozean, wie er schreibt. Die Strömung vor der Küste Perus fasziniert ihn besonders. Er nimmt häufig Messungen vor und notiert: »Zu meinem größten Erstaunen fand ich das Meer an der Oberfläche unter Breiten, wo es außerhalb der Strömungen 26 Grad bis 28,5 Grad ist, bei Truxillo, Ende September, 16 Grad, bei Callao, Anfang November, 15 Grad.« Dass es sich um eine Polarströmung handelt, vermutet Humboldt, wogegen man heute von einer Auftriebsregion unter dem Einfluss der Passatwinde ausgeht, aber er beschreibt damals als erster Forscher die Eigenheiten der Strömung, belegt sie mit empirisch erfassten Daten und stellt Überlegungen zum Zusammenhang von Meer, Meeresströmung und Klima an, die grundlegende Erkenntnisse von heute genialisch vorwegnehmen bzw. grundieren.

Auf die Idee, diese 3000 Kilometer lange, 80 bis 100 Kilometer breite Strömung mit dem eigenen Namen zu belegen, kam er 1802/03 nicht. Die hatte erst viel später der befreundete Mathematikprofessor und Kartograf Heinrich Berghaus (1797–1884). Er fertigte auf Anregung Humboldts und unterstützt durch dessen Material einen großen *Physikalischen Atlas* (1837–1848) an und veröffentlichte auch Humboldts Aufzeichnungen mit dem schönen Titel *Über Meeresströmungen im allgemeinen; und über die kalte peruanische Strömung der Süd-*

*see, im Gegensatze zu dem warmen Golf- oder Florida-Strome*. Berghaus erwähnt auch, dass weitere, spätere Messungen die Humboldts und damit seine Entdeckung der kalten Strömung »auf's Vollständigste bestätigt« hätten, »weshalb man sie auch mit Recht ›Humboldt's-Strömung‹ nennen kann«.

Was anderen einfach geschmeichelt hätte, nimmt der Geehrte fast schon krumm. In einem Brief vom 21. Februar 1840 schreibt Humboldt: »Ebenso protestiere ich (auch allenfalls öffentlich) gegen alle ›Humboldtsche Strömung‹ … Die Strömung war 300 Jahre vor mir allen Fischerjungen von Chili bis Payta bekannt: ich habe bloß das Verdienst, die Strömung des strömenden Wassers zuerst gemessen zu haben.«

Eine wacker aufrechte Haltung stolzer Bescheidung! Alexander von Humboldt war eben nicht so fürchterlich vermessen, keine Westentaschen-Karikatur, wie im wirkungsvollen und an sich gelungenen Kehlmann-Roman *Die Vermessung der Welt* dargestellt. Am 7. Dezember 1840 hat sich der Gelehrte dann doch mit der Karte angefreundet, die ihm Berghaus als Nikolausgeschenk geschickt, und schreibt höflich heiter: »Ich finde bei meiner Rückkunft von Charlottenburg Ihre schönen Karten, unter ihnen die, auf der Sie für ganz kleine Verdienste meinen Namen zu sehr verherrlicht haben …«

Dank Humboldts weltweit positivem Ruf und der Tatsache, dass sich der Name des Stroms auch im *Royal Prussian Maritime Atlas* (1839–1847) von Berghaus findet, übernehmen ihn englischsprachige Forscher. So schreibt der exzellente Ozeanograf Matthew Fontaine Maury (1806–1873) in seiner *Physical Geography of the Seas* von 1855 ganz geläufig und ohne weitere Hinweise von »Humboldt Current«.

In der aktuellen englischsprachigen Ozeanografie steht häufig »Peru Current«, wie Gerhard Kortum, dessen Ergebnisse ich in diesem Abschnitt dankbar verwendet habe, erwähnt. Gleichwohl weiß die internationale Forschung sofort, worum es geht, wenn jemand – in welcher Sprache auch immer – den Humboldtstrom erwähnt, und verwendet mit Freude die Daten des Forschers, die er bei seiner Vermessung des Stroms erhoben hat.

## In Nacht und Eis oder Die kalte Drift

Seevieh. Dieses Wort kommt im Märchen *Der kleine und der große Klaus* vor. Geschrieben hat es Hans Christian Andersen (1805–1875), und als ich erfuhr, dass der Begriff »Drift/Trift« für Meeresströmung sich den niederdeutschen und englischen Begriffen für das Treiben von Vieh verdankt, der wiederum mit »triftig« und »treffend« zu tun hat, musste ich wieder an das mordsspaßige Märchen denken. Die Gier nach Seevieh wird das Ende des großen Klaus besiegeln, doch das ist eine andere Geschichte.

Die Winde könnte man als Hirten bezeichnen, dann die Temperaturunterschiede durch Sonneneinstrahlung und schließlich der unterschiedliche Salzgehalt – all das treibt die Wassermassen durch die Welt. Technisch gesprochen treiben sie das globale Förderband *(ocean conveyor belt)* an, das alle Weltmeere bis auf das Nordpolarmeer verbindet und so überaus grundlegend für das Leben in den Meeren und für uns ist. Was wir selbst treiben, treibt es eher ins Chaos.

Der wegen seiner dunklen Farbe so genannte Kuroshio (Schwarzer Strom) Japans gehört dazu, der Humboldt- und der Golfstrom, der Brasilstrom, der Agulhasstrom und noch einige mehr. Aller Meister ist der Zirkumpolarstrom des Antarktischen Ozeans und der südlichen Teile der Weltmeere.

Als verderblich erwies sich für viele Forschungsschiffe die Eisdrift, die in der Antarktis rasch und unwiderstehlich Fahrzeuge einschließen, zerdrücken und untergehen lassen kann. Umso faszinierender, dass Fridtjof Nansen (1861–1930) die Idee entwickelte, zum Nordpol sich treiben zu lassen. Das extra dafür gebaute Schiff *Fram* – zu Deutsch »Vorwärts« – bot mit seinem bauchigen Querschnitt einerseits guten Widerstand, ließ sich andererseits vom Eis auch hochheben, sodass es darauf zu liegen kam. Auf seiner Expedition (1893– 1896) ließ Nansen die *Fram* also mit Absicht einfrieren, weil er von anderen Forschern gehört hatte, die Eisdrift könne sie weit Richtung Nordpol bringen. Leider trieb das Eis sie nach guten Anfängen in die falsche Richtung, sodass er mit Fredrik Hjalmar Johansen (1867– 1913) von Bord ging, um per Ski, Kajak, Schlitten den Pol zu erreichen. Wiederum kämpften sie sich erst *In Nacht und Eis* – so der Titel seines wunderbaren Expeditionsbuchs auf Deutsch – gut voran, um dann von unwegsamem Gelände, vor allem aber der Eisdrift um den Erfolg betrogen zu werden. Ihre Marschleistung fraß tagsüber schon die südlich strebende Eisbewegung zu einem Teil auf, wenn sie ruhten, noch mehr. Es half nichts. Sie mussten aufgeben, umkehren, überwintern.

Was sie nach ihrer alles andere als wahrscheinlich gegoltenen Rettung mit nach Hause brachten, verschaffte ihnen dennoch höchstes Ansehen, nicht zuletzt die große Menge an Daten zur Eisdrift zu ihrer Geschwindigkeit, Stärke und Richtung.

# Nördlich von wo?
## oder Die Richtungen der See

In einem Schlager des Jahres 1971 fragte Daliah Lavi (*1942): »Willst du mit mir gehn, Licht und Schatten verstehn, dich mit Windrosen drehn, willst du mit mir gehn?« Verwirrend, tiefsinnig und poetisch wie der Liedtext liegen die Richtungen der See vor mir, von denen im Mittelmeer- und im Atlantikkapitel schon die Rede war. Viele Völker entschieden natürlich einfach von ihrem geografischen Standpunkt aus. Da stellte die Zuiderzee für die Holländer eben ein – wörtlich übersetzt – »Südliches Meer« dar, weil sich die Bucht südlich der Nordsee erstreckte. In puncto Romantik konnte sie sich mit der pazifischen Südsee, die im Niederländischen »Zuidzee« heißt, freilich nicht messen. Um das Land wiederzugewinnen, das erst vor 800 Jahren durch Sturmfluten ganz verloren gegangen war, deichte man die Zuiderzee ein und machte sie 1934 zum Ijsselmeer. Dieser Wechsel von See und Meer verwundert erst einmal, bis man erfährt, dass »het meer« im Holländischen üblicherweise »der See« und »de zee« dafür »die See, das Meer« heißt.

Nördlich von wo?, fragt sich ähnlich verwundert wohl nicht nur ein Bewohner der Orkneys oder Grönlands, wenn er den Namen »Nordsee« auf einer Karte liest. Nun, nördlich von Alexandria und nördlich von Rom. Für die antiken griechischen Kartografen und Seefahrer gehörte das Meer um Britannien, das aus dem Zinnhandel durchaus bekannt war, lange Zeit einfach zum weltumspannenden

Strom Okeanos. Mit der Eroberung Galliens und weiter Teile Germaniens bis zur Rheinmündung, dazu der englischen Insel in den 100 Jahren um Christi Geburt herum änderte sich das langsam, aber sicher. Tacitus erwähnt in seinem Werk *Germania*, der Rhein fließe in den »oceanus septentrionalis«, was wörtlich nur »Okeanos der nördlichen Gegend / des Nordens« heißt. Das Wort »septentrionalis« kommt übrigens vom Siebengestirn her, das wir »Großer Wagen« nennen, die Römer aber »Die sieben Dreschochsen«. Von Rom aus stand es im Norden. Plinius der Jüngere und der berühmte Geograf Ptolemäus bedienten sich als Zeitgenossen schon des von Tacitus so ausführlich gelobten Volkes der Germanen und nannten die Wasserfläche »Germanicum mare« und »Germanikos Okeanos«.

Diese beiden Bezeichnungen, »Nordozean« und »Germanisches Meer / Germanischer Ozean«, verwendete man am häufigsten bis ins 20. Jahrhundert, weil die Autorität der antiken Geografen über Jahrhunderte ungebrochen blieb. Dabei gab es durchaus Konkurrenten, schließlich gibt es wesentlich mehr Anrainerstaaten. Der deutsche Astronom und Kompassbauer Erhard Etzlaub (um 1460–1531/1532) beispielsweise schreibt 1501 landessprachlich vom »Gros Teutsch mer«, was sich hierzulande aber nicht recht durchsetzen wollte. Lag es am Bodensee, den man auch manchmal so nannte? Bis nach 1900 konkurrierten die Begriffe »Nordsee« und »Deutsches Meer« deshalb miteinander. Bereits Ende des 16. Jahrhunderts findet man »Oceanus Britannicus« bei dem flämischen Geografen Abraham Ortelius (1527–1598), ein antiker Begriff, der eigentlich eher dem Ärmelkanal zugeordnet wurde und deshalb selbst dann in England nicht gewählt wurde, als man 1914 die dort gebräuchliche und so traditionelle Formel »The German Sea« wegen der erbitterten Gegnerschaft im Ersten Weltkrieg nicht mehr akzeptieren wollte. Das unverfängliche »The North Sea« setzte sich schnell durch, vor allem weil es in anderen europäischen Sprachen längst schon verwendet wurde. Die

Die Nordsee

Holländer hatten ganz traditionell mindestens seit dem 16. Jahrhundert »De Noort Zee« und ähnliche Varianten im Gebrauch.

Die Franzosen verabschiedeten sich zur selben Zeit wie die Briten vom »Mer d'Allemagne« und blieben bis heute bei »Mer du Nord«. Nur die Skandinavier sahen die Sache von ihrer Position aus schon immer ein wenig anders und nannten das Meer lieber »Westsee«, und »Vesterhavet« heißt es im Dänischen noch immer in schöner Konsequenz, denn östlich von Dänemark liegt ja: die Ostsee. Dass die wiederum vereinzelt »Deutsche See« genannt wurde – nicht unverständlich, aber eine stets nur kurzlebige Bezeichnung, da die baltischen Staaten doch wesentlich mehr Küstenlinie beanspruchten als Deutschland. Bedauerlich eigentlich, dass sich eine neutrale Bezeichnung des Schweizer Historikers und Universalgelehrten Johannes Stumpf (1500–1577/1578) für die Nordsee nicht gehalten hat. Er verwendete in seiner *Schwyzer Chronik* von 1554 eine Bezeichnung, die Goethe noch ohne Weiteres verstanden hätte, die aber heute in diesem Sinne ausgestorben ist. Er schrieb von dem »Mitternächtig Meer«, wobei »mitternächtig« einfach ein Wort für »nördlich« war.

Eigentlich herrscht, wenn man ehrlich ist, ein heilloses Durcheinander bei den Richtungsnamen der Meere. Denn neben der Nordsee, die heute noch so heißt, gab es ja den sehr schwammigen Ausdruck »Nordsee«, »Mar del Norte«, »Mar du Nord« für den Atlantik, wobei man teilweise den ganzen darunter verstand, teilweise nur, wie 1719 der Kartograf Henri Abraham Châtelain (1684–1743), den Teil nördlich des Äquators, den südlichen nannte man aber »Ocean meridional«, also »Südlichen Ozean«. Der war wiederum leicht zu verwechseln mit dem »Mar del Zur«, eben der von Balboa so genannten pazifischen Südsee, und dem »Novum Mare Australe« oder auch nur »Mare Australis«, was lateinisch war und »Neues Südmeer« oder einfach »Südliches Meer« bedeutete und beispielsweise 1635 von Willem Janszoon Blaeu (1571–1638) auf seiner *Tabula Magellanica* noch südlich von Feuerland eingetragen wurde. Es findet sich aber auch die Gleichsetzung »mar Australis vulgo del Zur«, zu Deutsch: »Südliches Meer, gewöhnlich del zur«, was ja wiederum »des Südens« hieß, nur auf Spanisch.

Nicht genug damit, dass es also drei bis vier – zählt man die Zuiderzee mit – Südseen gab, deren Lage und Begrenzung unterschieden sich auch noch beträchtlich. So definierten manche Kartografen des 17. Jahrhunderts die pazifische Südsee als nördlich vom Pazifik gelegen, der für sie westlich der Magellanstraße lag, andere wie Châtelain bezeichneten den heutigen Pazifik insgesamt als »Mer du Sud«, also auch nördlich des Äquators, wohingegen andere wie der schon erwähnte Blaeu auf einer Karte der Magellanstraße die salomonische Formulierung wählten: »Mar del Zur a Ferd. Magellano dictum mare Pacificum«, »Meer des Südens von Ferdinand Magellan genannt Friedliches Meer«. Schon Abraham Ortelius hatte 1589 auf einer Pazifikkarte geschrieben: »Mare pacificum quod vulgo nominant Mar del Zur«, »Friedliches Meer, welches man gewöhnlich Meer des Südens nennt«.

Die Richtungs- und Namensverwirrung führt immer mal wieder zu ulkigen Ergebnissen, so auf Franz Anton Schrämbls (1751–1803) *Karte der Magellanischen Straße*, denn da steht im Osten Patagoniens »Nordsee«, westlich davon »Südsee«.

Richtig systematisch, global und einfach zugleich packten dagegen die Chinesen die Sache an. Ein Reich in der Mitte, drum herum die Vier Meere. Die darf man großschreiben, weil das Wort dafür, »Sihai«, auf Deutsch durchaus mit »die ganze Welt« wiedergegeben werden kann und übrigens auch mit »das ganze Land«, womit man wiederum »China« meinte. Dem Okeanos-Gedanken der griechischen Antike ähnlich, stellten sich die Kartografen Chinas ihr im Doppelsinn zentrales Reich als umschlossen und umflossen vor von »Ying«, dem Weltozean, bzw. seinen vier Teilen, die nach den Himmelsrichtungen benannt wurden: Das Nordmeer hieß »Beihai«, das Ostmeer »Donghai«, »Nanhai« das Südmeer, das Westmeer »Xihai«. Das jeweils vorkommende »hai« heißt – klar – »das Meer, die See«. So steckt das Meer auch in der berühmten Stadt Schanghai. Misstrauisch betrachtete man übrigens in China, was als »hai wai« bezeichnet wurde und wörtlich »Meer außen« oder »Meer jenseits« hieß, also alles, was von Übersee kam. Die Westler sind so »hai wai« und müssen sich bis heute den Ausdruck Überseegeister/Überseeteufel gefallen lassen, wahrscheinlich ihrer hellen Haut wegen. Chinesische Geister zeichnet nämlich wie bei uns eine leichenblasse Haut aus.

Ehe Sie jetzt stöhnen »haikuo tiankong«, was wörtlich »Meerweit Himmel-leer« heißt und »sich langatmig auslassen, endlos schwafeln« bedeutet, erwähne ich nur rasch noch das für die Richtungen der See passende chinesische Sprichwort »haishui buke douliang«. Wörtlich heißt es: »Meer-Wasser nicht-können Scheffel-messen«, und bedeutet »Die See kann nicht mit einem Scheffel gemessen werden«, aber auch »Große Geister sind unergründlich«.

# Die Diener des Äolus
## oder Winde, die zur See gehören

### Passat, Monsun und Bora

Bis die Herrschaft der Motoren begann, regierten die Winde auf See, und noch heute beweisen sie nicht selten, wer der eigentliche Herr dort ist, wenn sie ihre Kräfte ballen, das Meer aufwühlen und Frachter zerschlagen, selbst große Containerschiffe schwer beschädigen.

Dass man mit den Winden auf Du und Du sein wollte, begann menschheitsgeschichtlich sicher sehr früh, beweisen doch bildliche Darstellungen von Segelschiffen, dass die Ägypter vielleicht schon 6000 Jahre vor unserer Zeitrechnung mit einfachen Segeln hantierten, dann 3000 Jahre später beeindruckende Handelsschiffe vom Wind treiben ließen, wie es auch die Phönizier damals wohl schon konnten. Besonders fürchteten die Seeleute natürlich die starken Winde, die Stürme, denen die sehr kleinen, wenig stabilisierten Schiffe unterwegs praktisch hilflos ausgeliefert waren. In altägyptischen Inschriften nannte man beispielsweise ehrfürchtig die »Resetyu«, wörtlich »die Südwinde«, was man heute mit dem Chamsin/Khamsin gleichsetzt: einem scheußlichen Süd- oder Südost-Sandsturm im Frühjahr und Herbst, der sehr plötzlich auftritt mit hohen Windgeschwindigkeiten, bis zu 20 Grad Temperaturanstieg, meist nur Stunden dauert, manchmal aber auch viele Tage. Schiffe auf dem

Roten Meer überfällt er, hüllt sie ein, drückt sie nieder mit luftigen, doch unwiderstehlichen Fäusten. »Chamsin« kommt übrigens vom arabischen Wort für »fünfzig«, weil er oft in einem Zeitraum von 50 Tagen nach der Tagundnachtgleiche auftritt.

Die griechische Mythologie erdachte, vielleicht auch um die Winde nicht unbeherrschbar erscheinen zu lassen, einen Gott der Winde, Aiolos oder Äolos genannt. Dazu verehrten die Griechen vier Hauptwinde – noch heute sagen wir ja, dass etwas in alle vier Winde zerstreut wird –, und nicht nur aus Vorsicht, sondern auch aus Dankbarkeit. Boreas, den strengen, winterlichen Nordwind, beispielsweise beteten sie in der Not der Perserkriege an, und der mächtige Gott habe dann 480 vor Christus dem ohnmächtigen Großkönig Xerxes gezeigt, mit wem die scheinbar unterlegenen Griechen im Bunde waren. Der Boreaskult der Athener lässt sich in Quellen tatsächlich nachweisen. Schöner hören sich für mich die mythischen Geschichten an, in denen Boreas, den man sich auch zuweilen in Hengstgestalt vorstellte, die Meereswellenrosse Poseidons begattet haben soll. Wer je stürmische Winde in die See hat fahren sehen, wird das Bild überzeugend finden. Wiewohl er vom Festland und weit aus dem Norden kam, verknüpften ihn die Griechen eng mit der See. Noch heute kennt man den Windgott unter dem Namen Bora, vor allem vor der Küste Istriens und am Schwarzen Meer, wo er besonders ein kalter, sehr starker und deshalb gefährlicher Fallwind von der Küste her ist. Wie vertraut man in Istrien mit dem Wind ist, zeigt, dass man noch zwischen dem besonders mächtigen Boreas, dem Boraccia oder Borasco, und dem schwächeren Boreas, dem Borino, unterscheidet. Den schwarzen oder dunklen, den weißen oder hellen Bora gibt es außerdem und als Letzte im Nordwindbund die Levantera.

Weniger inbrünstig verehrten die antiken Griechen die Boreasbrüder Notos, den Südwind, und Euros, den Ost- bzw. Südostwind. Warum? Das wissen die Götter. Denn der vierte der Brüder, Zephyros mit Namen, war hochberühmt, und das bis weit in die Neuzeit hinein, teils bis heute in der Poesie. Als angenehmer, Frühling und Blumen bringender Gott des Westwinds sah man ihn an. Mit der See hatte er weniger zu tun, aber am Ufer des Weltenringmeers, des Okeanos, soll er die unsterblichen Pferde des Achill gezeugt haben.

Nicht unsterblich, aber immerhin mit noch wesentlich mehr Pferdestärken, als Achills Rösser ins Feld führen konnten, fahren heutzutage Windwagen über unsere Straßen. Dabei ist die Frage erlaubt, ob ein VW mit dem Namen »Taifun« oder »Monsun« erfolgreich gewesen wäre. Der »Passat« ist es jedenfalls seit 1973 und wesentlich mehr als die ebenfalls windbenannten Brüder »Bora« und »Scirocco«, »Jetta« (nach dem Jetstream) und das Nachfolgemodell »Vento«. Diese Beständigkeit verbindet das VW-Modell mit seinem Taufpaten, dem Passatwind, genauer, dem Passatwind-System, das im Kapitel über die Rossbreiten schon erwähnt wurde. Den Nordost- (auf der Nordhalbkugel) bzw. Südostpassat (auf der Südhalbkugel) bemerkten Seeleute schon sehr früh, Kolumbus beispielsweise. Sein Name sollte also aus dem Spanischen oder Italienischen kommen, so vermutet man. Er klingt schon nach romanischen Sprachen, und tatsächlich findet man in schätzbaren Nachschlagewerken, er stamme aus dem Portugiesischen, wo »passar« so viel heiße wie »überqueren, passieren, vorbeigehen, fahren, reisen«, oder aus dem Italienischen, wo »passata« »die Überfahrt« bedeute, oder aus dem Spanischen, doch das lässt sich nicht nachweisen. Dafür spricht, dass die Portugiesen wohl als Erste den Wind beschrieben und nutzten, spätestens im 15. Jahrhundert. Dagegen allerdings, dass nicht einmal der spanische Mönch und Entdecker Andrés de Urdaneta (1498–1568) ein passatähnliches Wort erwähnt, obwohl er doch im Pazifik das komplexe Windsystem erstmals durchschaute, die Hin- und Herreise zwischen Nord-, Mittelamerika und den Philippinen mit sei-

Zephyros

nen Berichten über günstige Winde revolutionierte und mit dem/der »Urdaneta-Weg/Route« berühmt wurde.

Offenbar benutzen die romanischen Sprachen alle das gleiche Wort für unseren »Passat«: Im Italienischen nennt man ihn »aliseo«, im Spanischen »viento alisio«, im Portugiesischen »vento alísio« und im Französischen »alizé«, das man sogar als weiblichen Vornamen verwendet. Das soll von einem unbekannten lateinischen Wort herkommen. Seltsam. Wie sieht es mit den Quellen germanischer Sprachen aus? Da verwendet ein Niederländer das Wort erst 1638: »Den 9 October sagen wy Illie de Madera O. van ons, de Windt N. W. ende diese N. W. Windt bleef by ons tot op 16 graden, als eer wy de Passade Wind kregen vanden Noord-Ooste.« Im Niederdeutschen finden sich zwei Quellen des 17. Jahrhunderts, in denen von »Norde Ost Passassie Wint« und von dem »dieser Zeit hier wehenden Passada oder Z. O. [Südost-]Wind« die Rede ist. Wahrscheinlich hängt der Passat, selbst wenn die einschlägigen Wörterbücher dazu nichts sagen, mit der Passage zusammen, denn die kannte man als Fremdwort schon im Mittelhochdeutschen für »Furt« und verwendete das Wort dann spätestens im 16. Jahrhundert für Überfahrt. »Passage-Wind« – klingt so gut, dass ich sehr bedaure, es nicht beweisen zu können.

Wenigstens kann man im Englischen Klarheit erreichen, aber auch nicht umweglos. Wer die Passatwinde mit »trade winds« übersetzt, hat recht. Wer das auf den Handel zurückführt, der mit ihnen ermöglicht wurde – beispielsweise den berüchtigten Dreieckshandel mit Sklaven, Baumwolle, Billigschmuck –, der irrt sich freilich. Das mittelenglische Wort »trade« liegt ihm zugrunde, das »Pfad, Weg« bedeutet. Die Passatwinde verstand man in England also als Winde, die gleichsam Wege übers Meer bereiteten oder darstellten. Es ist wahrscheinlich, dass auch sehr viele Engländer diese Erklärung der Bezeichnung »trade winds« nicht kennen.

Weil man angeblich mithilfe der gleichmäßigen Passatwinde zwischen den Kapverdischen Inseln und den Antillen so simpel und sicher über die See segeln konnte, dass man selbst eine Frau hätte ans Steuer stellen können, nannten spanische Kapitäne diese Zone des Atlantiks im Zeitalter der Entdeckungen übrigens »Damenmeer«.

Ähnliche Bedeutung wie der Passat besaß für die Seefahrt der Monsun, eigentlich ebenfalls ein Windsystem, das in der Alltagssprache meist nur mit den regenreichen Winden im Bereich des Indischen Ozeans und des Subkontinents verbunden wird. Dass die Hauptwindrichtung sich hier zweimal im Jahr ändert, bemerkten Händler aus dem Jemen wahrscheinlich lange vor den Griechen, denen wir erste Quellen über das Phänomen verdanken. Nach einem antiken Entdecker nannte man den Wind lange Zeit »Hippalos«. Die über Jahrhunderte besonders erfolgreichen arabischen Händler wählten dagegen das Wort »mausim«, das »Jahreszeit« bedeutet, dann auch »für die Überfahrt nach Indien günstige Jahreszeit« und schließlich auf die Winde bezogen wurde, die die Zeit günstig machten. 1500 findet sich in der portugiesischen *Navegação do Capitão*

*Pedro Alvares Cabral* das leicht veränderte Wort als »monção«, woraus Engländer im 16. Jahrhundert »monsoon« und wir Deutschen im 17. dann erst »Monson« und dann »Monsun« machten.


## Der Pazifik in Aufruhr
## oder Die drei Ursprünge des Taifuns

Typhons Vater war Tartaros, Gaia, die Erde, seine Mutter, und ein Titan wurde er, der titanischen Hass auf Zeus und seine Mitgötter entwickelte, weil sie seine älteren Brüder besiegt und in die Tiefe verbannt hatten. Hundert Köpfe, feuerspeiend und in Schlangenart, besaß Typhon, fast unermessliche Kräfte dazu und die Gabe, in Menschen- und Tierstimmen zu sprechen und zu brüllen. So griff er Zeus an und rang mit ihm, der sich mit Donnerkeilen, Blitzen und der gewaltigen Sichel wehrte. Die entriss Typhon im Kampf dem Gott und schnitt mit der göttlichen Waffe Zeus die Sehnen aus dem Leib, bis der, nur noch ein hilfloses Bündel, in sich zusammensank. Die Sehnen und den entsehnten Zeus gab Typhon dem verbündeten Ungeheuer Delphyne. Und hätten nicht der diebeskundige Gott Hermes und sein Helfershelfer Aigipan es zu überlisten gewusst, übel hätte Zeus unter einem Bärenfell, wohin man ihn gesteckt, für alle Zeit gelitten. So aber entkam er, bekam seine Sehnen wieder und kam zum Olymp, um sich mit noch mehr Donnerkeilen und Blitzen zu versehen. Doch hätte das Schicksal selbst nicht in Gestalt der Moiren eingegriffen, er hätte Typhon wohl nicht besiegt. Das vertrauensselige Ungeheuer ließ sich von den Moiren beschwatzen, dass es mit Menschenkost noch stärker würde. Die Nahrung der Sterblichen schwächte nun Typhon, sodass er zwar noch mit Bergen werfen konnte, aber Zeus nicht mehr im Zweikampf besiegen, der den Gegner – so jedenfalls eine Variante des Mythos – ins Meer schleuderte und eine ganze Insel auf ihn warf, Sizilien, unter der das unsterbliche Ungeheuer immer noch wütet und Feuer und böse, den Menschen widrige Winde ausspeit.

Wirbelstürme bezeichnete schon die griechische Antike als »typhon«, und eine ungestüme Person konnte man schon mal »typhonikos« nennen, was »einer Windsbraut gleichend« hieß. Auch die Römer übernahmen das Wort, später das ganze mittelalterliche und frühneuzeitliche Abendland, und deshalb nennt man manche Stürme noch heute »Taifun«, nach dem Ungeheuer selbst aber mit seiner mächtigen Stimmvielfalt auch Makrofone, vor allem auf Schiffen, »Typhon«. Ursprünglich ist das nur ein Markenname der schwedischen Firma Kockums Mekaniska Verkstads Aktiebolag, die früher auch Autohupen unter dem Namen herstellte, der heute in der Regel den kleineren bis riesigen Druckluftwarngeräten in der Schifffahrt vorbehalten ist.

Wenn die Erklärung des Taifuns doch so einfach wäre! Aber erstens gibt es – man verzeihe die Wiederholung – vielerlei Überlieferungsstränge des Typhon-Mythos, die ich hier nicht ausbreite, und zweitens unbestreitbar zwei weitere Wurzeln des schönen Worts für den schrecklichen nordäquatorialen Westpazifiksturm, von denen eine ohne Zweifel vollkommen unabhängig von der griechischen Mythologie gewachsen ist.

Im Süden Chinas kannten die Seeleute nur allzu gut den »tai fung«, was sich wohl aus »da« oder »ta« für »groß« und »feng« für »Wind« entwickelte. Als englische Entdecker und Händler das Wort hörten, gaben sie es als »tay-fun«, »tyfoong«, »tuffoon« oder »tiffoon« wieder. Das Pazifikphänomen machte auch in Deutschland von sich reden, wo Kaspar Coelius in der *Jüngsten Zeitung aus Jappon* 1586 von Gefahren für Schiffe schreibt, »under denen sie ein erschröckliche ungestüme, so man Tifon nennet, erlidten, die vier und zweintzig gantzer stund gewehret«.

Fehlt noch das indische Wort aus dem Hindustanischen bzw. Urdu, »tûfân«, das über persische und arabische Vermittlung nach Europa gelangte, weil es gar zu gut zu dem arabischen Wort für »drehen« passte, das »tâfa« hieß. Da Indien und Griechenland in kulturellem Austausch standen, könnten vielleicht das Ungeheuer und der Wirbelwindausdruck »Typhon« einen Einfluss gehabt haben. Aber vielleicht auch nicht.

Na, dreht es sich in Ihnen auch schon, liebe Lesende? Keine Angst, gleich haben wir den Taifun gefasst! Über die Portugiesen, die das indisch-arabische und vielleicht ein wenig altgriechische Wort als »tufão« übernommen hatten, lernten es englische Seeleute und Forscher kennen, die es »touffon« oder »tufan« schrieben.

Das Chinesische, das Altgriechische, das Indische verwirbelten sich in England nun im 19. Jahrhundert zu »typhoon«, was die Holländer fix als »taifoen« aufnahmen und – tatatata: wir Deutschen als »Taifuhn«, das so schnell bekannt wurde, dass man bald auf das Dehnungs-h verzichten konnte und »Taifun« schreiben.

PS: Wussten Sie, dass mein Großvater ein Autor war und sein einziger Roman – über die Künstlergruppe »Der Sturm« – einen ganz besonders kurzen Titel trug? Er lautete: *Der Taifun.*

PPS: Mit dem Meer hat's nichts zu tun, aber faszinierend fand ich doch, dass Tayfun ein beliebter türkischer Männervorname ist, den man aus dem Englischen übernommen hat.

PPPS: Taifune drehen sich gegen den Uhrzeigersinn. Hurrikane drehen sich – ach, lesen Sie einfach das nächste Kapitelchen!

## Die stürmischsten Besucher Amerikas oder Hurrikan, Orkan, Tornado sowie ein Nebensatz zum Zyklon

Ein paar ihrer Ausdrücke haben überlebt, die Taínos der Karibik aber nicht. Da fahre doch gleich ein Hurrikan drein! Und das tut nicht nur einer dieser überwältigenden Tropenstürme, die sich – wie Taifune – gegen den Uhrzeigersinn drehen, das tun so viele, dass man launig-verzweifelt von der Hurrikan-Saison spricht. Eine Art Rache der Taínos? Oder der Mayas? Ein Schöpfergott der Mayas namens Huracán, was mit »Herz des Himmels« übersetzt wurde, könnte nämlich in dem Wort stecken. Er selbst oder ein von ihm beeinflusster Karibengott Juracán herrsche über die Winde und sei verantwortlich für die riesigen Wirbelstürme, die man nach ihm dann benannt habe.

Wie der Taifun entsteht auch dieser tropische Zyklon über dem Meer, und so verwundert es nicht, dass die Spanier auf den karibischen Inseln das Wort kennenlernten. Wie es bei den Kariben oder Taínos ausgesprochen wurde, kann man nur vermuten. Die tradierten unterschiedlichen Schreibweisen erschrecken: foracan, foracane, furacana, furacane, furicane, furicano, haracana, haraucane, harauncana, haroucana, harrycain, hauracane, haurachana, herican, heri-

cane, hericano, herocane, herricao, herycano, heuricane, hiracano, hirecano, hurac[s]n, huracano, hurican, hurleblast, hurlecan, hurlecano, hurlicano, hurrican, hurricano, hyrracano, hyrricano, jimmy-cane, oraucan, uracan, uracano, urycan. Die Spanier übernahmen noch im 16. Jahrhundert das Wort »hurácan«, aus dem sowohl der spezifische Tropensturm »Hurrikan« als auch das unspezifische Wort »Orkan« für starker Sturm entstand. Schon Shakespeare kannte es und nutzte es für einen Vergleich in seinem Drama *Troilus und Cressida*, wo in der zweiten Szene des fünften Akts ein wuchtiger Schwertschlag verglichen wird mit »der entsetzlichen Fontäne, die Seeleute Hurricano nennen, zusammengeballt in Masse von der allmächtigen Sonne«. Wahrlich, gut beschrieben!

Warum man auf der südlichen Halbkugel und im Indischen Ozean die tropischen Wirbelstürme »Zyklon« nennen muss, was vom griechischen Wort »kyklonas« für »Kreisender« herrührt, verstehe ich nicht so ganz, aber die Meteorologen werden dafür schon einen sturmfesten Grund haben.

# Eisige See oder Die polaren Meere

So viel Bär war nie oder
Die Meere, die in den Sternen stehen

Schwer haben es die bärische und die antibärische See, anerkannt zu werden. Vielleicht ihrer großen Kälte und des vielen Eises wegen? Ihre nicht so klare Begrenzung kann keine Rolle spielen, denn die gilt für andere Meere ähnlich.

»Wieso überhaupt Bär?«, werden Sie jetzt vielleicht denken. »Eisbären vielleicht?« Und ich entschuldige mich gleich artig und leutselig, wie es der *Bär auf dem Försterball* bei Peter Hacks gern tut. (Mein Lieblingsbuch, das ich hier empfehlend einschmuggle. Entschuldigen Sie bitte! Aber es lohnt sich – nicht nur für Seebären.) Das Tier Bär und das Sternbild Bär hießen schon bei den alten Griechen wie noch bei uns gleich. Weil der für die Orientierung damals schon genutzte Bär im Norden leuchtete, prägten die Griechen für die Himmelsrichtung Norden den Begriff »arktos« und für nördlich »arktikos«, was auf Deutsch »Bär« und »bärisch« heißt; das Gegenteil bildeten sie mit »anti«. So wäre der arktische ein bärischer, der antarktische ein antibärischer Ozean. Die Eisbären kannten die Geografen des 6. und 5. Jahrhunderts vor Christus noch nicht, sodass die weißen Raubtiere an der Namensgebung unschuldig sind. Es dauerte, und je nach Land unterschiedlich lang, bis sich die Begriffe in anderen europäischen Sprachen etablierten. Erst in der zweiten Hälfte des 14. Jahrhunderts verwendete man in England »Arctic« und »Antarctic« – aus dem lateinischen »arcticus« – nicht mehr nur vereinzelt, die »arctic regions« erst in den 1560ern. Bei uns in Deutschland ließ man sich gar bis ins 18. Jahrhundert Zeit, die Adjektive »arktisch« und »antarktisch« häufiger zu gebrauchen, und noch 100 Jahre für die Substantive »Arktis« und »Antarktis« sowie »Polarkreis«.

## Ein höllisches Meer? oder Wo die Entdecker nach Verschwinden zu Ehren kamen

Die längste Zeit der Geschichte blieben die Eisbären und ein paar wenige Menschen, die sich dort akklimatisiert hatten, in den unwirtlichen Eisgebieten des Nordens allein. Es gab kaum einen Grund außer Neugier und kein Motiv für Entdecker und Geografen, die Gegend genauer zu untersuchen. Das sorgte für großzügig allgemeine Benennungen. In der frühen Antike mit ihrer Idee vom Okeanos rings um das bewohnte Erdgebiet herum lag der simple Ausdruck »Nördlicher Okeanos« nahe, so bei Eratosthenes (ca. 276–194 v. Chr.). Andere nannten den Bereich nach dem sagenhaften Volksstamm der noch über dem Nordwind Boreas Wohnenden »Hyperboreische See«.

Beim älteren Plinius (ca. 23–79 n. Chr.), also schon in römisch-klassischer Zeit, liest man in der *Naturgeschichte* einfach vom »Oceanus septentrionalis«, dem »nördlichen Ozean«, und dieser Name wird ihn bis weit in die Neuzeit begleiten, ja eigentlich bis heute, da Arktischer Ozean ja dasselbe auf Griechisch bedeutet. Plinius kennt aber noch eine Fülle weiterer Namen, wobei er die Ostsee wohl mit dem Nördlichen Ozean gleichsetzt oder sie vielleicht mit diesem verbunden sein lässt. Er schreibt: »Hier befindet sich der nördliche Ozean. Den Amalchischen nennt ihn Hecateus [Hekateios von Milet] von dem Flusse Paropamisus an, soweit er Scythien bespült, welcher Name in der dortigen Volkssprache ›zugefroren‹ bedeutet. Philemon meint, von den Cimbern werde es Morimarusa genannt, das ist totes Meer, bis zum Vorgebirge Rubeas, darüber hinaus Cronium.« Diese letzte Bezeichnung findet sich mehrfach in griechischen Texten, zum Beispiel in der *Orphischen Argonautika* als »kronion okeanos/pontos«, und sie bezieht sich wohl tatsächlich auf den Gott Kronos, den Vater des Zeus. Er wird dem nördlichen Meer zugeordnet, weil er von Zeus in die Unterwelt, den Tartarus, verbannt wurde. Das würde dann auch die Bezeichnung »Totes Meer« erklären, das ein »Meer der Toten« meinen könnte. »Mare Cronium« galt im Lateinischen, auch wegen der von Plinius behaupteten Bedeutung in der »dortigen Volkssprache«, »gefrorenes Meer«, als Synonym für »Eismeer«. Einzelne Forscher behaupten freilich, dass »Cronium« nichts mit Mythologie zu tun habe, sondern sich auf nordische Worte für »Wal« beziehe und dementsprechend »Walmeer« heiße. Wer da wohl recht hat? Ich kann es nicht sagen.

Die Sage vom Tartarus im hohen Norden hielt sich jedenfalls unter Gebildeten so lange, dass man die Völker im weiten sibirischen Nordosten Asiens nicht Tataren, sondern Tartaren nannte. Das übernahmen holländische Kartografen wie Henricus Hondius (1597–1651), auf dessen Weltkarten sich 1625 und 1630 »Oceanus Tartaricus« und »Mare Tartaricum« finden. Der östliche Teil des Nordmeers, der heute Ostsibirische See genannt wird, heißt noch auf der Karte von Nicolaas Witsen (1641–1717) »Mare Tartaricum« – mit dem verräterisch-despektierlichen »r«, das auf ein Unterweltmeer und vor allem auf das Unterweltvolk verweist, vor dem man seit den Mongolenangriffen des 13. Jahrhunderts höllische Angst hatte. Den Nordozean insgesamt nennt er mit gründlicher Bildung »Oceanus septentrionalis et glacialis olim Scythicus«, also »Nördlicher Ozean oder Eisiger einst Scythischer«. Man vermutete ja den Nördlichen Ozean nördlich vom Reich der Skythen, machte sich aber keine rechte Vorstellung vom Ausmaß Asiens in dieser Richtung.

Je mehr man sich in Zentraleuropa für den Norden und seine Reiche, seine Fischgründe und Wunder interessierte, umso mehr wusste man über die Wasserfläche dort »oben«. Dass die tatsächlich gar nicht so selten, ja verdammt oft zu einer Eisfläche wurde, sprach sich gegen Ende des 15. Jahrhunderts und nach immer mehr Expeditionen rasch herum und führte zu einer Fortführung des beliebtesten und bis jetzt noch sehr treffenden Namens »Eismeer«, in der damaligen Kartografie in der Regel lateinisch ausgedrückt als »Mare glaciale«, »Mare congelatum«, »Mare quot frequent congelatur«.

Die Gier nach den Profiten im Gewürzhandel, die gefährliche, lange Umschiffung der Kaps im Süden, die eifersüchtig auf ihre Rechte pochenden Spanier, Portugiesen, Holländer trieben Entdecker im 16. Jahrhundert dazu an, eine Nordost- oder Nordwestpassage nach Indien und zu den Gewürzinseln zu suchen. Obenrum ist es tatsächlich erheblich kürzer, wie Frachter heutzutage beweisen. Vor 400, 500 Jahren allerdings versperrte ein kompakter Eisschild das Durchkommen. Viele Schiffsbesatzungen gingen bei dem Versuch, die Passagen zu finden, zugrunde: Eis zerquetschte ihre Schiffe oder hielt sie fest, bis alle verhungert waren. Namen für Meergegenden im hohen Norden trösteten die Hinterbliebenen der Entdecker nur wenig.

Der niederländische Kartograf und Seefahrer Willem Barents (1550–1597) wurde dennoch so verewigt, bekam ein paar Inseln Spitzbergens und die Barentssee zum Andenken verehrt, weil er der Leiter einer so wagemutigen wie erfolgreichen Arktisexpedition gewesen war. 1594 entdeckte er unter anderem Nowaja Zemlja, aber nicht die erhoffte Nordostpassage. Dabei hatte Barents doch messerscharf geschlossen, dass bei immerwährendem Sonnenschein im arktischen Sommer das Eis schmelzen und eine Durchfahrt ermöglichen müsse. Eine zweite Fahrt im nächsten Jahr scheiterte wieder, aber vielleicht dachte der Entdecker an das Sprichwort: »Aller guten Dinge sind drei.« Jedenfalls ging es 1596 wieder los, leider mit einem noch schlimmeren Ergebnis: über Winter im Eis eingeschlossen, das nicht zu befreiende Schiff 1597 aufgegeben, viele Männer tot, darunter Willem Barents, der im Eis blieb, angeblich studierte er bis zuletzt Karten. Russische und britische Entdeckungsreisen des 19. Jahrhunderts brachten den bedeutenden holländischen Vorgänger, seine Forschungen und seine Verdienste als Kartograf wieder so stark ins Bewusstsein, dass man ab 1853 auf immer mehr Karten seinen Namen findet. Der verdrängte – zumindest auf russischen Karten – die traditionelle Bezeichnung »Murmanskoje Morje«, wobei das als »Meer der Norweger und Dänen« übersetzt werden könnte und wurde. Da es aber schon eine Norwegische See gibt, ist der neue Name durchaus sinnvoll.

Vergleichsweise nahe und in einer ähnlichen Weise benannt liegt die Beringsee mit der zugehörigen Straße bzw. Meerenge, denn auch sie trägt den Namen ihres Entdeckers, der hier seine Forscherlust mit dem Leben bezahlte, des in russischen Diensten stehenden Dänen Vitus Bering (1681–1741). In seinem Fall dauerte es nur knapp 40 Jahre, bis 1778 der berühmte James Cook die Meerenge, als er sie auf seiner Polarexpedition durchfuhr, nach dem verehrten Vorgänger taufte.

Ob man all die Einbuchtungen und Teile der Arktischen See wirklich benennen müsste, bleibt bezweifelbar, aber größer sind die meisten als beispielsweise die Teilmeerchen des Mittelmeers. Außerdem gibt es dort oben wenigstens einen Ansatz zur Rationalisierung, denn ein Gebiet wurde gleich nach zwei russischen Polarforschern benannt, die auch noch Cousins waren: Dmitri Jakowlewitsch Laptew (1701–1771) war Begleiter der Vitus-Bering-Expedition, wohingegen sein Cousin Chariton Prokofjewitsch Laptew (1700–1763) die

Halbinsel Kamtschatka erforschte, und beiden verehrte man die Laptewsee: wie nett!

Trügerisch dagegen die Lincolnsee, die ja zu Ehren des Bürgerkriegspräsidenten Abraham Lincoln so heißen könnte, doch stattdessen widmete man sie seinem Sohn Robert Todd Lincoln, der als Kriegsminister im Amt war, als Adolphus Greely (1844–1935) auf seiner Polarexpedition 1881 bis 1884 im Nordwesten Grönlands und auf der Ellesmere-Insel herumforschte und diesen Teil des Arktischen Ozeans so nannte.

Dass man ein Europäisches Nordmeer braucht, verwunderte mich – nur vom Namen her. Der wirkt ein wenig lieblos ausgedacht, zumal es kein Asiatisches oder Amerikanisches gibt, von dem es sich unterscheiden müsste. Da überzeugt mich die Grönlandsee als Teil des Nordpolarmeers wesentlich mehr, die immerhin zur größten Insel der Welt gehört. Die Karasee – viel weiter östlich – heißt nach dem Fluss Kara, der in die Karabucht mündet, und wurde 1594 von der holländischen Expedition unter Barents lustigerweise »Neue Nordsee« genannt, was sich leider nicht gehalten hat. Sonst gäbe es einen Nord-Dreischritt: Nordsee, Europäisches Nordmeer, Neue Nordsee. Weiter östlich gibt es dann noch die Tschuktschensee – nach dem Volksstamm im Nordosten Russlands –, die Ostsibirische See und – aufgemerkt – die Beaufortsee.

Sie verdient dies kleine Aufmerken, weil der erfahrene Seefahrer, Kapitän, Kartograf, dann offizielle Hydrograf der Admiralität und Mitglied im Arktischen Rat derselben, weil also Francis Beaufort (1774–1857) viele Expeditionen, oft in die Arktis, auszustatten half, noch mehr, weil er wohl einer der Ersten war, die ein neues Vorgehen in der Kartografie empfahlen. Er riet Kollegen, nicht mehr nur sich selbst, ihr Land, ihre Vorgesetzten oder subjektive Erlebnisse und Assoziationen bei der Benennung von Land, See, Buchten, Kaps, Strömungen und Leuten zu bemühen, sondern sich vor Ort jeweils inten-

Willem Barents

siv nach einheimischen Namen zu erkundigen und sie möglichst zu übernehmen. Das Verfahren kam hie und da tatsächlich zur Anwendung, gleichwohl führte die Dankbarkeit dem klugen und verlässlichen Förderer der Expeditionen gegenüber dazu, dass Beaufort vielfach auf Karten verewigt wurde, übrigens in der Arktis ebenso wie in der Antarktis.

## Ringsherum oder Der Südliche und in gewisser Weise der wahre Ozean

Vollkommen anerkannt ist er nicht, denn in den offiziell gültigen Dokumenten der International Hydrographic Organization in Monaco hält man 1953 fest, dass es zwar einen Arktischen Ozean gebe, für den Antarktischen aber anderes gelte: »Der Antarktische oder Südliche Ozean wurde in dieser Veröffentlichung ausgelassen, da die meisten Meinungen, die seit der zweiten Ausgabe [von *Limits of Oceans and Seas*] von 1937 eingingen, dahin gehen, dass es keine wirkliche Rechtfertigung für den Gebrauch der Bezeichnung ›Ozean‹ für diese Wasserfläche gibt, deren nördliche Grenzen wegen der jahres-

zeitlichen Schwankungen so schwierig festzulegen sind. Die Grenzen des Atlantiks, Pazifiks und Indischen Ozeans wurden daher südlich ausgeweitet bis zum antarktischen Kontinent. Hydrografischen Ämtern, die eigene Veröffentlichungen herausgeben, die sich mit diesem Gebiet beschäftigen, ist es daher überlassen, selbst eine nördliche Grenze festzulegen (Großbritannien verwendet den 55. Breitengrad Süd).«

Dabei weiß die Klima- und Meeresforschung inzwischen, dass der südpolare Ringstrom entscheidenden Einfluss auf uns alle hat. Entsprechend groß war im Jahr 2000 die Bereitschaft, einen fünften Ozean hier zu definieren, auch bei der IHO, die ihre Mitgliedsstaaten befragte. Von den 68 reagierten nur 28, von denen war Argentinien dagegen, der Rest fand es gut und einigte sich rasch in der Namensfrage auf »Südlicher Ozean«. Wo er nördlich enden sollte? Das blieb umstritten. Auf 60, 50, gar 35 Grad südlicher Breite? Trotzdem, es fehlte zum offiziell fünften Ozean nicht viel. Da aber – wie im Kapitel über die Sieben Meere erwähnt – niemals eine gültige 4. Auflage der *Limits of Oceans and Seas* verabschiedet werden konnte, gibt es ihn für die IHO eigentlich nicht.

Der Rest der Welt kümmert sich weder im Alltag noch in der Wissenschaft oder in der Politik groß darum. Man schreibt und spricht von ihm, man erforscht ihn, den Südlichen Ozean. Wie gewaltig umfließt in ihm der große Ringstrom den Kontinent im Süden, der so etwas wie eine natürliche Grenze dieses Meers bildet. Der Ringstrom, der die Welt des Eises umfließt, wie der von den Griechen so beschriebene Okeanos die ganze Erde: ein Weltstrom im Kleinen.

Widersinnig wäre es da, das südlichste Meer unbenannt zu lassen. Also findet man die Namen »Antarktischer Ozean«, »Südlicher Ozean«, »Südliches Eismeer«, »Südpolarmeer«, »Antarktisches Polarmeer«. Es hieß früher aber schon anders, wie eine Karte der Magellanstraße von Willem Janszoon Blaeu aus dem Jahr 1638 zeigt, auf der man südlich Feuerlands, das hier noch »Magellanica« heißt, »Novum Mare Australe« lesen kann. Auch ein schöner Name, der freilich übersetzt nur heißt: »Neues Südliches Meer«. Er spiegelte mehr die Unwissenheit der Zeit als das Wissen wider. Das hatte sich 1899 noch nicht grundlegend geändert, als das sehr verlässliche und aktuelle Kartenwerk *Andrees Allgemeiner Handatlas* weder den Südozean verzeichnete noch auch nur ein einziges Nebenmeer um den noch weitestgehend unerforschten Kontinent herum.

Das schöne, große, immerströmende Rundmeer noch zu unterteilen und diese Teile zu benennen leuchtete vielleicht schon damals nur insofern ein, als Entdecker und Nationen sich auf diese Weise ein Stückchen vom Ewigkeitskuchen abschneiden wollten, lag es auch fern, fern der eigenen Lande.

Die Russen beispielsweise dürften ein wenig Antarktismeer auf der Karte mit nostalgischen Gefühlen betrachten, sogar vier Teile desselben. Das betrifft die Lasarew-See, durchaus zu Recht nach dem Marineoffizier und Entdecker Michail Petrowitsch Lasarew (1788–1851) benannt, der unter – und schon kommen wir zum zweiten Teilmeer – Fabian Gottlieb Thaddeus von Bellingshausen (1778–1852) an der höchst erfolgreichen russischen Polarexpedition teilnahm und mit ihr als Erster den antarktischen Kontinent entdeckte. Da durften für den Leiter und den Befehlshaber des Versorgungsschiffs schon zwei Meere rausspringen, eben die Lasarew- und die Bellingshausensee. Dem Ozeanografen und international verdienten Polarforscher Michail Michailowitsch Somow (1908–1973) ein weiteres Teilmeer zu gönnen störte vor etwa 40 Jahren sicherlich auch niemanden. Dass Russland aber noch eine Kosmonaut-See sich sicherte, grenzt für meine Begriffe an schlechten Geschmack.

Die Norweger machten es ihnen in manchem nach. Eine Amundsen-See kommt nämlich dazu, was allgemein akzeptabel ist, stand Roald Amundsen (1872–1928) doch nicht nur als erster Mensch am

Südpol, sondern forschte lange vorher mit der *Belgica*-Expedition in den Jahren 1896 bis 1899 in der Gegend, wobei er freilich stark damit beschäftigt war, um sein und der Mannschaft Überleben zu kämpfen. Dem jungen, recht frisch installierten König seiner unabhängig gewordenen Heimat Norwegen, Haakon VII., widmete Amundsen 1911 das Plateau um den Südpol und das König-Haakon-VII.-Meer, das allerdings erstens in vielen Atlanten gar nicht aufgeführt wird, zweitens jeweils unterschiedlich groß ist. Norwegen findet, dass die Lasarew-See gar nicht existiert, und so kann das König-Haakon-VII.-Meer dessen Fläche mit einnehmen. Die meisten internationalen Kartografen und Diplomaten sehen das anders und lassen das Königsmeer nur bis zur Lasarew-See reichen. Noch ein Norweger kam zu Meerehren in der Antarktis, aber viel später. Hjalmar Riiser-Larsen (1890–

Amundsen

1965) war ein ganz ungewöhnlicher Forscher für die Zeit zwischen den Weltkriegen, denn er kartografierte in der Arktis und vor allem in der Antarktis vom Flugzeug aus.

Ach, diese Kleinklein-See-Geschichte rund um die Antarktis hat etwas von Zwanghaftigkeit: Immer noch eine kommt dazu, bis der Zirkel durchschritten ist. Die Australier Douglas Mawson (1882–1958) und John King Davis (1884–1967), immerhin Südpolarforschungsveteranen, benannten überraschenderweise Teile des Südlichen Ozeans Davissee und Mawsonsee, als sie auf ihrer Expedition mit der *Aurora* 1911 bis 1914 die Küste des antarktischen Kontinents südlich von Australien kartografierten. William Edward Parry (1790–1855) nannte die Ross Bay nach dem Marine- und Entdeckerkollegen James Clark Ross (1800–1862), ebenso wie die Ross-See. Die MacKenzie-See, 1931 entdeckt, erwies sich dagegen als ein Schrumpfmeerchen, das 1967 zwar noch in einem Atlas auftauchen konnte, heute aber nicht mehr verzeichnet wird: Gewaltige Eisabbrüche machten aus dem Meer nur noch eine MacKenzie Bay von 24 Kilometern Breite.

Da lobt man sich den bescheideneren, wenngleich nicht fantasievolleren James Weddell (1787–1834), der als Schotte sogar mit seinem eigenen Namen geizte, und einen deutschen Ozeanografen. Doch zu ihm später. Der Seefahrer und Robbenfangspezialist Weddell kam auf seinen antarktischen Fahrten erstaunlich weit in den Süden, 1823 bis auf 74 Grad, wobei er einen viele Jahrzehnte währenden Rekord aufstellte und ein riesiges Meergebiet entdeckte, das er »König-George-IV.-See« nannte. Klar, zu Ehren seines Herrschers. So hätte es bleiben können, hätte der Deutsche und Antarktisexperte Karl Fricker (1865–?) nicht 1900 vorgeschlagen, Weddell selbst, der wirklich die größeren Verdienste erworben hatte, damit zu ehren, seinen Namen anstelle des Königs zu setzen. Die britische Admiralität verblüffte so ein Vorschlag vielleicht, aber nur kurz, und

so heißt seitdem das wegen scheußlicher Stürme, plötzlicher Verei-
sungen und extremer Temperaturen vielleicht gefährlichste Meer
dieser Erde nach seinem Entdecker Weddellmeer, aber nicht aus Nationalstolz oder Eigenbezüglichkeit, sondern wegen eines vernünftigen Ausländers.

# Die Wasserstraßen der Menschen

## Wieder ein Fall und sieben Stadien bis zur Geliebten oder Des Hellesponts traurige Geschichte(n)

In der mächtigen Stadt Orchomenos in Böotien herrschte einst der König Athamas glücklich mit seiner Frau Nephele, die ihm einen Sohn und eine Tochter geboren hatte, bis es ihm in den Sinn kam, eine der Töchter des Kadmos aus Theben, Ino mit Namen, zu heiraten. Einige sagen, dass Nephele, die eine Nymphe war, zu der Zeit noch lebte, dass Athamas sie verlassen oder sie ihn verlassen habe. Wie auch immer, das Unglück nahm seinen Lauf, weil Ino eifersüchtig auf den erstgeborenen Sohn der Vorgängerin war und ihren beiden Söhnen die Nachfolge des Königs ermöglichen wollte. Listig ließ sie die etwas einfältigen Frauen im Land Böotien, das wegen seiner einfältigen Bewohner sprichwörtlich war, wissen, dass sie das Korn vor der Aussaat rösten sollten. Die Frauen taten es. Sie säten das geröstete Getreide. Die Saat ging nicht auf. Eine Hungersnot drohte. Der König schickte Boten zum Orakel nach Delphi, um zu erfahren, wie man die gewohnt reiche Ernte wieder erreichen könnte. Als die Boten wiederkehrten, bestach Ino sie, damit sie sagten, das Orakel habe ein schlimmes Opfer empfohlen, der Erstgeborene des Königs müsse im Tempel auf dem Altar des Zeus sterben. Athamas wollte sein Kind nicht töten, wurde aber wohl von seinem furchtsamen

Volk gedrängt, vielleicht aber war es auch sein mutiger Sohn selbst, der Phrixos hieß, der sich willig für die vom Hunger Bedrohten opfern wollte. Als schon das Messer seine Kehle ritzte, da erschien unversehens ein gewaltig großer, ein wundervoller Widder, dessen wolliges Vlies ganz aus Gold bestand, neigte sich und sprach zu Phrixos, denn er konnte sprechen: »Steig auf!« Da sprach auch Phrixos, und zwar zu seiner Schwester, die Helle hieß: »Steig auf!« Und weil der Widder so groß war, die Geschwister aber noch Kinder, so trug er sie davon, und weil er ein Wundertier war, so trug er sie durch die Lüfte davon, bat dabei aber, sie sollten nicht hinabblicken. Das ging ganz gut, etwa 333 Kilometer lang, als Phrixos' Schwester Helle ein Auge warf auf die Meerenge unter ihr, und als sie noch staunte, da verlor sie den Halt und stürzte tief und immer tiefer, bis die Meereswogen über ihr zusammenschlugen. Und seitdem nannten die Griechen diese Gegend »Hellespont«, das bedeutet »Meer der Helle«. Phrixos flog mit dem Widder weiter bis nach Kolchis übers Schwarze Meer und trauerte lange um seine tote Schwester.

Die meisten Griechen kannten die Geschichte und damit die Namenserklärung des Hellespont, doch wie fast immer erzählten sie sie in vielen, vielen Varianten. Großzügig, dass sie die Seefläche ein Meer nannten, denn zwischen der Halbinsel Gallipoli und dem kleinasiatischen Festland liegen nur sieben Stadien, nach heutigen Maßen 1,3 Kilometer. Über die Meerenge ließ denn auch angeblich der persische Großkönig Xerxes 480 vor Christus, als er Griechenland zu erobern versuchte, eine Brücke schlagen und, als der Sturm sie zerstörte, den Hellespont wegen seiner Frechheit, einem König zu trotzen, dafür auspeitschen.

Tragischer noch erzählen antike Geschichten von dem Liebespaar Hero und Leander. Sie eine Priesterin der Aphrodite in Sestos, er ein schöner Jüngling auf der anderen Seite der Meerenge in Abydos. Leanders Eltern verboten ihm die Heirat mit Hero, sogar, sie zu sehen. Da schwamm er jede Nacht hinüber zu ihr, sieben Stadien, und vor Morgen zurück, sieben Stadien. Ihn zu leiten, entzündete Hero eine Laterne. Alles ging gut, bis einmal ein Sturm das Licht unbemerkt ausblies, Leander ertrank und Hero darüber so unglücklich ward, dass sie sich in den Hellespont stürzte. Der hatte schon einen Sturznamen, sonst hieße er heute Herospont.

Warum die Straße ins Marmarameer heute »Dardanellen« heißt? Die Venezianer sind wahrscheinlich schuld und Sultan Mehmed II. (1432–1481), der Eroberer Konstantinopels. Er ließ etwa 1470 eine Festung zur Sicherung der Meerenge anlegen. Man nannte sie selbst, die ringsumher entstehende Stadt und dann auch die Meerenge Çanakkale. Die Venezianer, die jahrzehntelang gegen Mehmed II. Krieg führten, wählten lieber »Dardanelo« als Namen, der auf die nahe gelegene, doch inzwischen aufgegebene antike Stadt Dardanos zurückging. Dieser Name verbreitete sich mit Händlern in ganz Europa, sodass Lord Byron am 3. Mai 1810 eigentlich über die Dardanellen schwamm. Klassisch gebildet, wie er war, nahm er sich aber – in bewusster Nachfolge Leanders – die Überquerung des Hellespont von Abydos aus vor. Was der Mythos nicht erwähnt, musste der adlige Schwimmer unterwegs bekämpfen – eine starke Strömung, die ihn drei Meilen weit abtrieb. Mit der Nachahmung hatte der Lord es klugerweise nicht zu genau genommen. Ein Boot begleitete ihn die ganze Zeit.


## Herr Ärmel hat den Kanal voll

Die Wasserstraße gleicht einer sehr intensiv befahrenen, doch kuriosen Autobahn, welche in einer Richtung immer breiter, in die andere trichterförmig enger wird. Von der Südwestspitze Englands bis zur Normandie hinunter zieht sich ihre westliche Grenze, die östli-

Lord Byron (noch oben rechts)

che liegt etwa zehn Kilometer östlich der Straße von Dover bzw. der Meerenge von Dover bzw. des »Pas de Calais«. Ja, die Geografie in England und in Frankreich bezeichnet das mit Recht unterschiedlich. Es erscheint mir so galant wie gerecht, dass manche neuen Atlanten »Straße von Dover« und »Pas de Calais« hintereinander an dieser Stelle nennen, denn Calais und damit die andere Seite der Meerenge ist ja nicht weniger wichtig.

Den Teil des Atlantiks, der sich zwischen Nordfrankreich und Südengland erstreckt, nannte man seit der römischen Antike und bis weit in die Neuzeit hinein einfach »oceanus Britannicus«. Auf venezianischen Karten liest man dann vielleicht zum ersten Mal das heute gebräuchlichste Wort, nämlich Kanal, in der Bezeichnung »Canalites Anglie«. Eigentlich kein besonders schmeichelhafter Ausdruck, der auf das griechische und lateinische Wort für »Röhre« zurückgeht. Die Holländer fanden ihn überzeugend und verwendeten im 16. Jahrhundert den Ausdruck »Engelse Kanaal«, der wohl den heute offiziellen Namen »Englischer Kanal« begründete.

Kann das angemessen sein für eine Seefläche, deren Ränder sich so bauschen und fälteln und dann verengen? Ich empfinde den bei uns immer noch gebräuchlichen Namen viel schöner, treffender und heiterer sowieso: »Ärmelkanal«. Es gleichen die Umrisse einer längst vergangenen Mode, der des 16. Jahrhunderts, die mit gepufften und geschlitzten Stoffen spielte. Als modebewusste Nation sprechen und schreiben die Franzosen, die England in den letzten 100 Jahren zwar sehr viel verdankten, aber doch immer schon Unabhängigkeit liebten und die auf der anderen Seite des Meeres oft ganz und gar nicht, seit dem 17. Jahrhundert lieber von »La Manche«, was wörtlich übersetzt »Ärmel« bedeutet, aber eben auch direkt das Meergebiet bezeichnet. Von ihnen übernahmen auch die Spanier und Portugiesen den Namen, wobei sie leider den Ärmel befleckten. Sie kamen nämlich zu dem zwar ähnlichen »Canal de la Mancha« und »Canal da

Mancha«, doch das heißt »Kanal des Flecks«. »Manga« wäre das richtige Wort gewesen. Dicht daneben ist auch vorbei. Wir Deutschen bekamen es besser hin, indem wir schön neutral – wie übrigens auch die Niederländer – oft einfach von »Der Kanal« sprechen oder aber richtig übersetzt von »Ärmelkanal«.

So ein sprechender Name regte Kartenhersteller schon sehr früh an, zumal lange die Tradition bestand, Länder als Personen oder Tiere zu interpretieren. Und natürlich überlegten sich humorvolle Leute, wie dieser Ärmelkanal wohl entstanden sein könnte. Die kurioseste Erklärung bietet Clemens Brentano (1778–1842) in dem *Märchen vom Schneider Siebentot auf einen Schlag* aus seinen *Mährchen vom Rhein,* wobei es sich nur um einen kleinen Teil der sehr verrückten Geschichte handelt. Der Icherzähler bringt hier zwei Riesen, nämlich den »langen Tag« und die »lange Nacht«, zusammen, die endlich heiraten wollen. Und nun der bildfreudige Fabulier-Originalton Brentanos:

»Der Fleck Landes, wo der lange Tag die lange Nacht zum ersten Male wieder umarmte, war eine Landenge, welche Frankreich und England vereinigte. Soeben war das englische Einhorn und der französische Hahn dort in einem Streite begriffen; als die Riesenjungfrau aber zwischen sie trat, machten sie Waffenstillstand miteinander, um ihr Artigkeiten zu machen. Der Hahn lief um sie herum, krähte, schlug mit den Flügeln und kokettierte; das englische Einhorn aber legte ihr sein Haupt in den Schoß. Als der Bräutigam ans Land stieg, war er über diesen Handel sehr erfreut, weil er wusste, dass das Einhorn die Gewohnheit hat, sich nur vor tugendhaften Jungfrauen zu demütigen. Er umarmte nun seine Braut im Angesichte der holländischen Flotte, und beide luden den Hahn und das Einhorn zu Zeugen ihrer Verbindung ein. Die Braut nannte sich mit ihrem Taufnamen Continent, der Bräutigam aber Marinus. Sie überhäuften sich mit Liebkosungen; nun gaben sie den beiden Zeugen folgende Ge-

Continent, Marinus und eine Jungfrau

schenke: Continent sagte zu dem Hahn: ›Du sollst mächtig sein auf Erden‹, und Marinus sagte zu dem Einhorn: ›Du sollst mächtig sein auf dem Wasser und den Inseln‹. Hierüber wurden beide eifersüchtig und begannen wieder zu streiten. Aber die Brautleute hießen sie nach Hause gehen und begannen so heftig zu tanzen, dass die Landenge zu reißen begann. Als aber auf der einen Seite der Hahn eine Menuette krähte und das Einhorn auf der andern Seite einen englischen Tanz sang, kamen sie aus dem Takt und zerrten sich so herum, dass Marinus seiner Braut einen Ärmel ausriss; zu gleicher Zeit brach die Landenge entzwei, das Meer strömte zwischen England und Frankreich durch und trennte den Hahn und das Einhorn auf ewige Zeit. Was aus den Brautleuten geworden ist, weiß ich nicht, da das Wasser, das durch das zerrissene Land durchströmte, unsere Flotte mit solcher Geschwindigkeit zurücktrieb, dass wir, ehe wir uns versahen, wieder in Amsterdam waren. Der neuentstandene Kanal wurde, weil er entstanden, als der Ärmel der Braut ausgerissen wurde, *Canal de la Manche*, Ärmelkanal, genannt, und der Ärmel, welchen die Flut des Meeres weit, weit hinweggeschwemmt, heißt seitdem Ermelland.«

Und sollten Sie sich jetzt fragen, wie »weit, weit hinweggeschwemmt« das Land wohl wurde, dann verrate ich es Ihnen: bis nach Ostpreußen. Es gibt dort die Landschaft Ermeland, nicht ganz wie ein Ärmel, aber immerhin dreieckig im Aussehen, die vom Frischen Haff bis zur Masurischen Seenplatte sich erstreckt. Sie merken auch, das war ein Märchen, ein romantisches Märchen sogar, das die Assoziationsfreiheit und -freude Brentanos noch in diesem Detail beweist.

## Die Säulen des Herakles oder Non plus ultra und über Gibraltar hinaus

Sind Sie neugierig? Halten Sie sich an Verbotsschilder? Finden Sie es ab und zu, gerade weil »Durchfahrt verboten« dort steht, besonders reizvoll, manche Wege zu wählen? Also mir geht es so. Diese trotzige Neugier ist ein Erbe vom Vater. Fließt ein wenig Odysseus-Blut in meinem Blut? Dann sollte ich aufpassen, denn den Listenreichen bringt seine Neugier in die Hölle. Er missachtet an den Säulen – in Stefan Georges Dante-Übersetzung »pfosten« – des Herkules, also der Straße von Gibraltar, das Gebot, nicht mehr weiterzufahren und … Ach, lesen Sie selbst, wie Dante Alighieri (1256–1321) in der *Göttlichen Komödie*, Hölle, 26. Gesang, den strafentflammten Odysseus seine Neugier und letzte Fahrt beschreiben lässt:

> Nicht zärtlichkeit des sohnes · nicht die pflege
> Des greisen vaters · nicht die schuldige liebe
> Die in Penelope die freude rege:

Vermochte dass mein drängen unterbliebe
Wie ich mich über alle welt belehre ·
Der menschen tüchtigkeit und eitle triebe.

Ich steuerte hinaus zum offnen meere
Mit Einem fahrzeug und den paar genossen
Die mich erwählt zum ständigen verkehre.

Die beiden ufer hatten wir erschlossen
Bis nach Marokko bis zu den Hispanen
Und andrem land vom gleichen meer umflossen.

Wir alt und müd schon ich und die kumpanen
Gelangten dann zu jenem engen rachen
Wo uns die pfosten Herkules' gemahnen

Von hier ab weiter keinen schritt zu machen.
Rechts liess ich schon die küste der Iberer
Links hatte Ceuta hinter sich der nachen.

O brüder · sprach ich · durch die unzahl schwerer
Gefahren seid ihr nun gelangt zum westen.
Zeigt euch an hohem sinne nun nicht leerer

In eures lebens nur noch kargen resten:
Dass ihr jezt die erforschung wolltet missen
Der sonn-rückwärtigen unbewohnten festen.

Ich ruf euch eure abkunft ins gewissen:
Ihr seid nicht da zu leben gleich den kühen
Doch zum verfolg von tüchtigkeit und wissen.

Ich machte für die weiterfahrt erglühen
Mit dieser kurzen rede mein geleite –
Nun hätt ich sie nur abgebracht mit mühen.

Den morgen hinter sich zur tollen weite
Beflügelten sie ihre ruder gerne
Sich immer haltend nach der linken seite.

Schon sahen in der nacht wir alle sterne
Des andern pols · die unsren so in tiefen
Dass sie nicht tauchten aus der meeresferne.

Fünfmal erhellten sich und es entschliefen
Sovielmal über uns des mondes strahlen
Seit wir zum hohen unternehmen liefen:

Als ich dann einen durch entfernung fahlen
Bergzug von einer solchen höh entdecke
Wie ich bis dahin schaute noch niemalen.

Uns kam die freude · doch sie ward zum schrecke:
Vom neuen land her eines wirbels wehen
Zerschmetterte des fahrzeugs nächste ecke ·

Dreimal liess ers mit allen wassern drehen ·
Das hinterschiff stand hoch · beim vierten zug
Das vordre abwärts – so musst es geschehen –

Bis über uns das meer zusammenschlug.

Dem Christentum galt die Neugier, insofern sie eine Ausprägung des Hochmuts sei, als Todsünde, als teuflischer Ansporn, mehr wissen zu wollen, als einem göttlich zugeteilt sei. Da erscheint die Strafe für Odysseus, seine Leute und sein Schiff nur konsequent. Doch warum machen Dante und vor ihm die Antike so viel Wesens um einen Affenfelsen? Nun, die Affen wohnten hier wohl nicht immer, aber hervorragend ist nicht nur die Straße von Gibraltar im Wortsinn, sondern auch die Geschichte ihres Namens, der lange Zeit ganz anders lautete. Dass »Straße« wie so oft eine falsche Übersetzung von »Strait«, also »Meerenge«, ist, werden Sie, liebe Leser, sich nach den letzten Abschnitten vielleicht schon gedacht haben. Die Griechen und Römer der Antike verwendeten in den meisten ihrer vielen, vielen Bezeichnungen ebenfalls Wörter für »Meerenge« wie »porthmos«, »póros«, »fretum« oder »stoma« für »Mündung«, da das Mittelmeer hier in den Atlantik mündet.

Wegen der wirklich unglaublich reichen Fülle antiker Namen für die Meerenge sei es einmal erlaubt, hier fast alle zu nennen (Sie können auch nach dem nächsten Absatz weiterlesen):

Herakleios porthmos / fretum Herculeum (Meerenge des Herakles), Gardeiraios porthmos (Meerenge der Bewohner von Gades / heute Cádiz), porthmos oder poros kata tas Herakleious stelas (Meerenge bei den Säulen des Herakles), stoma kath' Herakleious stelas (Mündung bei den Säulen des Herakles), to tes thalattes tes Atlantikes stoma (Der atlantischen Meere Mündung), Gaditanum fretum (Meerenge von Gades / heute Cádiz), Tartessium fretum (Meerenge von Tartessus), Europae fretum (Europas Meerenge), Hiberum/Iberum fretum (Der Iberer Meerenge), Hispanum fretum (Der Hispanier Meerenge), fretum nostri maris et Oceani (Meerenge unseres Meeres und des Okeanos), ostium Oceani (Mündung des Okeanos), maris Ostium (Mündung des Meeres), limen interni Maris (Küste/Ufer/Grenze des Inneren Meeres), Herculis via oder Herma via (Weg/

Straße des Herkules oder des Hermes) und fretum Septem (Meerenge der Sieben), fretum Septe Gaditanum (Meerenge von Gades und der Sieben), fretum Septe (Meerenge der Sieben). Alle die Siebenernamen kamen von Hügeln auf der libyschen Seite, die man die Sieben Brüder nannte.

Es ließen sich noch mehr als die 20 hier versammelten Namen finden, doch von ihnen überlebte bis heute bloß einer und nur in Verkürzung: die Säulen des Herakles (griechisch)/Herkules (lateinisch). Als mythische Grenze stehen sie vor dem geistigen Auge. Zwischen ihnen eigentlich freies, wenngleich enges Meer. Wäre da nicht die Warnung, die »bis hierher und nicht weiter« gelautet haben soll. In ihrer lateinischen Version »non plus ultra« wurde sie sprichwörtlich. Ernst nahmen Händler der Antike, ob Phönizier oder Griechen, die Warnung nur insofern, als zwischen den Säulen des Herakles schwierige Strömungsverhältnisse herrschten. Der Entdecker- und Geschäftssinn ermutigte sie jedoch, weit darüber hinauszufahren, um beispielsweise Zinn aus Cornwall zu beschaffen. Das Übergehen des »non plus ultra« unterschied damals die mutigen Menschen voll Wissensdurst von den furchtsamen, traditionshörigen, die die Grenzen des Denkens und Handelns anerkannten. Für diese galt die äußerste Schranke daher auch bald als Bezeichnung für das Optimum. Und so sagt man noch heute zu einer Bestleistung, sie sei das Nonplusultra, weil man nicht darüber hinausgehen könne. Kaiser Karl V., in dessen Reichen die Sonne nie unterging, wählte sich dagegen als stolzes Motto »plus ultra«, also »darüber hinaus«, was die Ansprüche auf immer neue überseeische Besitzungen untermauerte und als mutige Formel unentwegten Strebens zu verstehen war. Noch heute findet sich das Motto im spanischen Staatswappen.

Doch warum »Säulen des Herakles«? Den Felsen, den man heute »Gibraltar« nennt, auf der Nord- und die Erhebungen Dschebel Musa bzw. Monte Hacho auf der Südseite sah die Antike als Landmarken an, die das Mittelmeer und die sogenannte Oikumene, also den Bereich der damaligen Zivilisation, im Westen abgrenzten. Das galt nicht so für die Phönizier, die Kolonien an der atlantischen Küste Afrikas gründeten. Aber an der Meerenge von Gibraltar gab es in der Nähe von Gades, heute Cádiz, einen Tempel des Gottes Melqart oder Melkart, in dem zwei Säulen verehrt wurden. Nun setzten die Griechen den phönizischen Gott mit ihrem Heros Herakles gleich, dessen mythisches Leben in vielfältiger Weise mit diesem Gebiet verbunden ist. So soll Herakles hier oder sogar noch etwas über die Meerenge hinaus den westlichsten Punkt seiner zwölf Sühneaufgaben erreicht haben, als er die Rinder des Geryon raubte. Da kein Sterblicher sich mit dem Zeus-Sohn messen konnte, lag es nahe, hier einen äußersten Punkt, eine Grenze zu vermuten. Spätere römische Quellen berichten, auf dem Weg zu Geryon oder zu einer anderen Aufgabe, nämlich die Äpfel der Hesperiden zu holen, soll Herakles das Atlasgebirge als hinderlich angesehen und mit übermenschlichen Kräften entzweigerissen haben, womit er überhaupt erst die Verbindung zwischen Atlantik und Mittelmeer geschaffen habe. Oder aber, so Diodorus Siculus, Herakles habe die Verbindung sogar verengt, um Seeungeheuer aus dem Atlantik fernzuhalten, was wiederum für eine Grenze spräche. Die Säulen des Melqart, herausragende Landmarken zu beiden Seiten der Meerenge, die Weite des unerforschten Atlantiks hinter der Meerenge, dies alles spricht dafür, hier eine natürliche Grenze zu sehen, die man als Grieche der Antike tunlichst achten sollte, wenn man kein Halbgott war. Gleichwohl gab es Handel und Schifffahrt hier hindurch, aber die Säulen des Herakles hinter sich zu lassen brachte immer wieder einen Schauer mit sich: einen wohligen, kehrte man ins Mittelmeer zurück, einen kalten, wagte man sich in den Atlantik hinaus.

So findet man die Geschichte bei Pindar (522/518–ca. 445 v. Chr.), die Säulen des Herakles seien ein äußerster Punkt, doch beim Epiker Peisandros (um 600 v. Chr.) stellen sie ein »Siegeszeichen für die Durchsegelung und Erschließung des Weltmeeres« dar, wie der Althistoriker Viktor Burr feststellt.

Diese Doppelnatur blieb der Meerenge erhalten. Heute heißt sie zwar nach einem arabischen Heerführer und wirkt von Nordafrika aus verlockend nah, doch gleichzeitig als schroffer Wall der schwer erreichbaren Festung Europa. Als 711 eine islamische Armee unter Führung Tariq ibn Ziyads (ca. 670–720) dort erfolgreich übersetzte, nannte man die steile Felsformation »Djebel al-Fath«, »Hügel/Felsen des Sieges«, die Meerenge aber »Bab al-Zokak«, also »Tor der Straße / des Wegs«. Gebräuchlich wurde auch »Djebel Tarik« – ohne den Artikel »al«, der oft erwähnt wird –, »Tariks Hügel/Felsen«, aus dem sich im Lauf der Jahrhunderte Gibraltar herausbildete.

Die Geschichte, Herakles oder ein anderer habe dort die Warntafel mit dem Non-plus-ultra-Spruch angebracht, stammt übrigens erst aus der Renaissance, der Zeit, in der die Neugier besonders misstrauisch beäugt und besonders gefeiert wurde.

PS: Ein letztes Wort: Wenn Spanier einfach von »El estrecho«, was »Die Meerenge« heißt, sprechen, meinen sie, was wir die Straße von Gibraltar nennen.


## Bosporus, Oxford, Ochsenfurt
## oder Wo Europa (nicht) übersetzte

Ach, die Frauen und die Rindviecher – eine höchst fruchtbare Verbindung, der Göttersöhne, Ungeheuer, schöne Geschichten und geografische Namen entsprangen. Europa verdankt seinen Namen der schönen Königstochter, die der griechische Obergott Zeus entführte, freilich von Nordafrika nach Kreta. Warum der griechische Weltenweise Herodot im 5. Jahrhundert vor Christus einen ganzen Kontinent nach ihr benannte, den er Asia gegenüberstellte? Man weiß es nicht genau. Sicher weiß man dagegen, dass eine zweite, sehr ähnliche Geschichte die Europas beeinflusste – und umgekehrt.

Wieder war es Zeus, der sich wieder in eine Herrschertochter verliebt hatte. Sie hieß Io und war ihm eine Sünde wert. Nur verwandelte er diesmal nicht sich selbst, sondern Io in ein Rindvieh. Warum? Da streiten sich die Erzähler und Gelehrten, denn es gibt mindestens zwei wichtige, einander widersprechende Überlieferungen. Nach der einen erschien Io, der Tochter des Königs in Argos, immer wieder im Traum Zeus und bat sie, ihm auf den lernäischen Feldern zu Willen zu sein. Die verstörte Jungfrau erzählte ihrem Vater davon, der wiederum Orakel befragen ließ. Als die Antwort kam, er müsse seine Tochter verbannen, sonst werde sein Volk von Donnerkeilen des wütenden Zeus vernichtet, schickte er sie fort. Ob dann Zeus oder Hera sie in eine Kuh verwandelte – unklar.

Und weil sich ab hier die Versionen der Geschichte ähneln, folgt jetzt die zweite: Zeus verliebt sich in Io, so weit alles gleich. Doch in dieser Fassung gelingt es dem Gott, die Schöne zu becircen und zu einem Stelldichein zu bewegen. Den Ort desselben hüllt er vorsichtshalber in Nebel. Seine Gattin Hera lässt sich keinen blauen Dunst vormachen. Im Gegenteil, der macht sie so misstrauisch, dass sie ihn zerteilt und ihren Mann mit einer Kuh vorfindet. Zeus hat sie nämlich kommen hören und im letzten Moment Io in eine falbe Färse verwandelt. Hera durchschaut die Kuhkomödie und spielt durchtrieben mit. Sie bittet sich das gar zu hübsche Tier als Geschenk aus. Was soll Zeus tun, als gute Miene zu machen und die nun doppelt verdutzte vierbeinige Io in die Hände seiner Gattin zu übergeben. Sie wiederum übergibt die Kuh in die Obhut eines noch immer sprichwörtlichen Wächters: Argos (griechisch) oder Argus (lateinisch), der sie mit hundert Augen beäugt. Ob Zeus noch mehr oder endlich seine

Lust mit Io haben will, darüber sind sich die Mythen uneins. Jedenfalls befiehlt er seinem listigen Helfershelfer und Götterboten Hermes, die Verwandelte zu retten. Der umsäuselt in Gestalt eines Ziegenhirten mit allerlei Geschichten und süßen Flötentönen Argus so lange, bis alle hundert Augen sich geschlossen haben. Dann schlägt Hermes dem zu Gutgläubigen den Kopf ab, die Kuh aber ist frei. Doch zu früh gefreut. Hera schickt nun eine Bremse, die Io Beine macht und auf eine irrwitzige, geografisch nicht sinnvoll nachzuvollziehende Odyssee quer durch Griechenland und bis hin nach Ägypten treibt. Dabei muss sie irgendwo das Meer überqueren, und gar nicht dumm, tut sie es an der praktischen Stelle, wo heute eine gewaltige Brücke die beiden Hälften Istanbuls und damit die Kontinente verbindet: am Bosporus.

Schon in der griechischen Antike hieß er so, zum ersten Mal bei Herodot, und die alten Geografen deuteten den Namen als »Rindsfurt«, denn »bous« heißt »Rind« und »póros« »Furt«. Io war ja ein Rind, als sie hier übersetzte. Altphilologen vermuten allerdings schon lange, dass »bos« eine andere Bedeutung haben, vielleicht aus einer älteren Sprache stammen und von den Griechen, die hier ab dem 7. Jahrhundert vor Christus siedelten, bloß in Richtung ihres Wortes »bous« produktiv missverstanden worden sein könnte. Im nordöstlichen Mittelmeer gab es denn auch weitere Meerengen, die man »bosporos« nannte, die uns bekannte deshalb zur Unterscheidung »bosporos Thraíkios«, also »Thrakischer Bosporus«, nach den dort wohnenden Thrakern.

Um die Sache noch ein wenig komplizierter zu machen, gibt es noch einen Kuh-Querungs-Mythos, aus dem man den Namen herleitete. Die Phryger sollen auf einem Kriegszug eine Kuh aufgescheucht haben, die auf der Flucht flugs von der Klippe sprang und übers Meer sich absetzte. Damit habe sie den Weg zu neuen Eroberungen gewiesen.

Der Kriegszug der Phryger

Die meisten anderen Griechen der Antike begnügten sich mit dem Io-Kuh-Flucht-Mythos als Grund für den Namen der Meerenge, die für ein Rinderhindurchtreiben ja viel zu breit gewesen wäre. Bei anderen Stätten, ja Städten gleichen Namens kann das freilich der Fall gewesen sein, und der Name »Furt der Ochsen« für einige von ihnen bezog sich keineswegs auf kastrierte Rindviecher allein: »Ochse« konnte man nämlich als Sammelbegriff verwenden, wie man noch an den weiblichen Auerochsen bemerken kann. Auch wer in Ochsenfurt wohnt oder in Oxford studiert, kann ein Lied davon singen, dass hier dereinst Rinder aller Art über seichte Stellen im Fluss getrieben wurden. Am Spott der umliegend wohnenden Menschen über sie ändert das wenig. Zu lange schon hält sich das Schimpfwort »Ochse« in den germanischen Sprachen für beschränkte oder gar verschnittene Rindviecher.

## Detroit entdecken oder
## Meine Straße soll meinen Namen tragen

Was verbindet Ferdinand Magellan (1480–1521) mit John Davis (ca. 1550–1605) und dessen Zeitgenossen Francis Drake (1540–1596) und Luiz Váez de Torres (ca. 1565–1607)? Klar, dass nach ihnen Meerengen (Feuerland, Grönland, Neuguinea) benannt wurden. Ja, noch einmal zum Mitschreiben: MEERENGEN. Ob eine englische »strait«, eine spanische »estrecho« oder eine französische »détroit« – immer handelt es sich um Bezeichnungen, die vom lateinischen Wort »strictus« in der Bedeutung von »zusammengepresst« oder »eingeschnürt« herrühren und strikt von Straße oder »straight« zu unterscheiden sind. Man könnte zahlreiche weitere Entdecker nennen, und es macht sie sicher im Elysium stolz, dass ihrer bis heute gedacht wird. Nicht immer waren sie es selbst, manchmal auch Zeitgenossen, Auftraggeber und Nachgeborene, die den Namen einführten. Da der Zusammenhang so klar ist, verzeihen Sie mir sicher, dass ich nicht jede Meerenge aufführe, auch nicht die vielen, die einfach nach dem nächstgelegenen Land oder der nächsten Insel benannt wurden. Sie sind sicher wie ich eher neugierig auf das Mythische, Seltsame und Geheimnisvolle, hoffe ich. Dies ist, wie ich eingangs erwähnte, keine Enzyklopädie, auch wenn ich und das Buch es durchaus darauf anlegen, dass Sie sich in allerlei Enzyklopädien und Atlanten vertiefen.

Ach ja, dass die »Motor City« Detroit eigentlich nur »Meer-/See-Enge« heißt, fand ich sehr bemerkenswert. Die Verbindung zwischen dem Erie- und dem Huronsee benannten die Franzosen im späten 17. Jahrhundert »Le détroit du Lac Érié«, die »See-Enge des Eriesees«. Danach hieß auch die erste nennenswerte Siedlung »Fort Pontchartrain de Détroit«, und weil Menschen faul sind und die Franzosen sich zurückziehen mussten, heißt die Stadt heute nur noch Detroit.

# Legendenmeere

### Die Bermudas springen im Dreieck

E s war einmal ein Ex-Reporter und Ex-PR-Mann, der sich zu Höherem berufen fühlte. Er hatte ein Faible für Urlaub, kurze Hosen und Inseln. Seine Freunde nannten Vincent Gaddis (1913–1997) deshalb gern Bermuda-Vince oder einfach Bermuda. Das mit dem Schreiben ließ er auch als Doppel-Ex und trotz Urlaubs-, Kurzhosen- und Inselfaible nicht sein. Es gab da ja diese wahnsinnig erfolgreichen Publikationen auf billigem Papier, deren Herausgeber dringend Autoren suchten. Bermuda machte seine Sache nicht schlecht, und um seinem Dreifachfaible sowie den beiden Ex-Jobs die Ehre zu geben, veröffentlichte er 1964 im Pulp-Magazin *Argosy* die Story *The deadly Bermuda Triangle*; auf Deutsch *Das tödliche Bermuda-Dreieck*.

Harte Recherche, harte Fakten, harte Sätze. So wie der Schluss: »Die See weiß ihre Geheimnisse zu bewahren.« Oder im Mittelteil: »Eine weitere Crew wurde schließlich überredet, von Bord zu gehen. Wieder trennte eine Sturmbö die beiden Schiffe – und vom Schoner und von den Männern hat man nie wieder etwas gesehen oder gehört.« Verschwundene Flugzeuge, Tanker, Segelschiffe. Rätsel, Geheimnisse, Unheimliches. Und das direkt vor der amerikanischen Küste!

»Klasse Story!«, dachte sich Charles Berlitz (1914–2003), Enkel

Das Bermuda - Dreieck

des Sprachschulgründers, Ex-Mitarbeiter der Berlitz School und Ex-Geheimdienstler, der viel zu beschäftigt war, um Freunde zu haben. Kollegen nannten ihn nur Mr. Triangle. Er bewegte sich nämlich pedantisch im immer gleichen Dreieck Eingangstür, Schreibtisch, Toilette. Mr. Triangle nahm die Spuren auf, die Bermuda ihm vorgegeben hatte. Harte Recherche, harte Fakten, na, Sie wissen schon. Zehn Jahre später erschien sein Buch, das er immerhin zu Ehren Bermudas und seiner selbst *The Bermuda Triangle (Das Bermuda-Dreieck)* nannte.

Zu Mr. Triangles Überraschung entführte ihn vor der ersten Pressekonferenz Ford Perfect Richtung Beteigeuze, wo er Spezialbeauftragter für Zaphod Beeblebrox im Bereich Raumpflege wurde und den neuen Spitznamen Mr. Pollish bekam. Ein Avatar übernahm bis 2003 seine Rolle auf Erden, genoss die Einkünfte aus *The Bermuda Triangle* und schrieb eine Reihe weiterer Erfolgsbücher. Ava, wie ihn seine Freunde früher genannt hatten, wunderte sich über die Leichtgläubigkeit der Menschen, denen weder die vielen Hypothesen in den Büchern etwas ausmachten noch die Fehler und Fehlbehauptungen und schon gar nicht, dass das inzwischen berüchtigte Bermudadreieck vollkommen willkürliche Grenzen zu haben schien. Manche der angeblich geheimnisvollen Schiffsunglücke ereigneten sich ja außerhalb des Gebiets zwischen den Bermudas, Puerto Rico und Florida, das darüber hinaus im Lauf der Jahrzehnte um ein Vielfaches größer angesetzt wurde, um genügend Vorfälle auflisten zu können. Ava kümmerte sich nur kurz um solche Seltsamkeiten. Er machte Urlaub, vor allem im Bermudadreieck. Er wusste aus sicherer Quelle, dass hier mehr Urlaube und Seereisen glückten als sonst wo auf der Welt. Und bis zu seinem Entschwinden konnte ihm niemand das Gegenteil beweisen.

# Malstrom, Mahlstrom, Malmstrom, Moskenstraumen

1) Im alten Dänenreich, Gotland geheißen, herrschte der König Frodi zu Zeiten Christi Geburt, und mit ihm herrschten goldene Zeiten von Friede und Recht. Da schickte König Frodi Boten zum König Fiölnir, um zwei Mägde zu kaufen, Fenja und Menja mit Namen, sehr groß und sehr stark, Töchter der Bergriesen Idi und Ögir. In Gotland gab es nämlich zwei Mühlsteine, so groß, dass niemand sie bewegen konnte. Und wer sie doch bewegen könnte, dem hätten sie gemahlen, was immer er nur wünschte. König Frodi ließ die Mägde zu den Mühlsteinen führen und gebot ihnen, ihm Gold, Frieden und Frodis Glück zu mahlen. Und er gönnte ihnen nur Pausen, solange der Hauskuckuck schwieg oder ein Lied dauerte. Da Frodi schlief, mahlten Fenja und Menja ein Heer, und mit ihm kam der Seekönig Mysingr, der König Frodi tötete und die Riesinnen und die Mühlsteine mitnahm auf See. Da mussten sie auf seinen Befehl hin Salz mahlen, immer mehr, bis um Mitternacht. Da fragten sie, ob er Salz genug habe, und Mysingr befahl ihnen, sie sollten weitermahlen. Und wie sie eine Weile weitermahlten, da sank das Schiff mit Menja und Fenja, mit Mysingr und Mühlsteinen. Im Meer aber entstand ein Schlund, wo die See durch das Mühlsteinloch fällt, und seitdem ist salzig die See. Und an der Stelle des Schlunds tobt bis heute der Mahlstrom. (Nach Snorri Sturluson, *Die Edda* ..., in Karl Simrocks Übersetzung)

2) Ein Mann mit Namen Väreöy und eine Frau mit Namen Moskoe saßen beieinander und rührten in einem Kessel. Sie rührte mit der Kelle, er rührte mit dem Stock. So rührten sie eifrig, ohne Unterlass, einig. Doch in einer Vollmondnacht sahen sie strahlende Gestalten übers Meer gehen. »Sieh nach!«, sagte die Frau. »Vielleicht will jemand den Fisch stehlen.« Ärgerlich stand Väreöy auf und ging zum Meer. Sieben herrliche Mädchen, verlockend schön, sah er da,

die jämmerlich klagten: »Weh, weh, weh, wir haben unsere Mond-
kronen verloren. Wer wird uns helfen, sie wiederzufinden?« Als spät
Väreöy zurückkehrte, fragte Moskoe, warum er jetzt erst komme.
Und voll Zorn rührte sie hitzig im Kessel. Väreöy geriet auch in Zorn,
wies alle Schuld von sich, nahm den Stock und rührte wie wild. Und
wie sie beide rührten, brodelte und sprudelte und tobte das Wasser
im Kessel wie nie zuvor, und mit Strudel und Gischt und Wellen-
gewalt war da der Mahlstrom. (Nach Érik Orsennas Nacherzählung
einer Sage in *Lob des Golfstroms*)

Dass er bei den Lofoten sich befindet, wo er zwischen den Inseln
Väreöy und Moskensöy strudelt und Vorbild für andere gefährliche
Riesenwirbel in Fiktion und Realität wurde, das steht fest, sein Name
aber nicht. In Deutschland kennt man ihn als Malstrom oder Mahlstrom, aber auch Malmstrom lässt sich finden; nicht nur bei Walter
Moers' *13 ½ Leben des Käpt'n Blaubär*. Das isländische »málstraumur«
steht wohl am Beginn der Wort- und Namensgeschichte. In Norwegen nennt man ihn »Moskenstraumen«.

In unserem heutigen Mahlstrom steckt das niederländische
Wort »malen« für »drehen«, dahinter aber wohl eine viel ältere indoeuropäische Wurzel, die mit »malmen, zerreißen«, mit »Mehl« und
»Müll« zu tun hat. So erklären sich die unterschiedlichen Schreibweisen, je nachdem, welche Wortherkunft man im Sinn hat.

Bären soll die Meeresströmung zwischen den Inseln erbar-
mungslos gepackt haben, Schiffe und Wale sogar, so fest, dass sie
hinabgerissen, in Stücke gerissen, zerrieben wurden, wie Quellen
des 16. und 17. Jahrhunderts berichten. Olaus Magnus (1490–1557),
Bischof, Reisender, Kartograf und Geograf, schildert den »Mosta-
strom«, wie er ihn nennt, in seiner *Beschreibung der Völker des Nordens:* »eyn solcher Schlund und sorglicher Zwürbel …, daß er alle
Schiff, die etwa ohngefähr dahin kommen, fluchs in eynem Hui mit
eym Zwürbel versenckt und verschlinget, geb wie starck und sorg-

Herr Väreöy und Frau Moskoe (nicht im Bild)

fältig man daran arbeytet. ... Die Stücke darvon kommen selten wider herfür. So sie aber herfürkommen, seind sie dermassen an den Felsen zerstossen worden, daß sie sehen, als wann eyn Mösig [Moos] darüber gezogen were, so gar sein sie zermodert und zerschürftelt.« Auf der von Olaus Magnus ausführlich kommentierten *Carta Marina et Descriptio septemtrionalium terrarum ac mirabilium rerum* ... (»Meerkarte und Beschreibung der nördlichen Länder und wunderbarer Dinge ...«) von 1539 findet sich der Mahlstrom noch ohne Namen verzeichnet als »Strudel, wo das Meer Tag für Tag auf und nieder wallt, dabei manchmal große Schiffe verschluckt und sie nachher wieder ausspeit«, dafür sieht man in der Mitte und schon ganz verloren ein Schifflein sinken.

Am berühmtesten wurden die Beschreibungen des Mahlstroms durch Edgar Allan Poe (1809–1849) in der Erzählung *Ein Sturz in den Malstrom* und – von ihm abhängig – durch Jules Verne (1828–1905) in seinem Roman *Zwanzigtausend Meilen unter dem Meer*. Die künstlerische und forscherliche Verarbeitung des sagenhaften und tatsächlich, wenngleich lange nicht immer vorhandenen Gezeitenstrudels schwoll inzwischen derartig an, dass man schon in diesen Bücher-, Film-, Computerspielwirbel eingesogen werden kann auf Nimmerwiedersehen. Zu den hübschesten bildlichen Darstellungen gehören zwei Kupferstiche in Eberhard Werner Happels *Relationes Curiosae* von 1683, denn da sieht man übereinander die zwei Wesen des Mahlstroms, der hier nach der einen Insel »Moskoe-strohm« genannt wird. Unten, in Vogelperspektive gestochen, breitet sich ein riesiger Wirbel aus mit einem tiefen Schlund, »Der verschlingende Moskoe-strohm« bezeichnet. Darüber, von leicht erhöhter Perspektive aus gesehen, »Der auswerffende Moskoe-strohm in Norwegen« mit einer Reihe Wellen, die wie Plesiosaurushälse aufragen, die Hälfte davon doppelt so hoch wie die Dreimaster davor.

## Glibber, Eis, Quallen? oder Das Lebermeer

Starker Wind treibt das Schiff hinein. Schwapp, schlipp, schwobb – und plötzlich sitzt es fest. Unter ihm gallertige, matschige, leberfarben zähe Masse, die mit Meerwasser nichts mehr zu tun hat. Das Abstoßen, Rudern sinnlos. Verloren die Mannschaft, das Schiff. Das einzige Heilmittel – ein ebenso starker Windstoß wie der erste, nur diesmal in die andere Richtung. Hinaus auf die freie See.

Das zähe Meer erfand nicht der schon erwähnte und hoch zu schätzende Walter Moers, nein, es geistert seit der klassischen griechischen Antike durch die Vorstellungswelt der Menschheit. Pytheas von Massalia (ca. 380–310 v. Chr.) beschreibt es als Erster in seinem – leider verloren gegangenen – Werk *Über den Okeanos*, das spätere Gelehrte zitierten. Er berichtet von einem trägen und festen, zähen, verdichteten, vielleicht geronnenen Meer, was heute auf die Begegnung mit Treibeisfeldern bezogen wird, und später von einer »Meerlunge«, was man mit Quallen, Eisfeldern, dem Wattenmeer, Nebeln und vielem anderen in Verbindung bringt. Das besonders für Mittelmeervölker sagenhaft seltsame Phänomen überlieferte man durch die Jahrhunderte, ob es Aristoteles (384–322 v. Chr.), Tacitus (58–120), Isidor von Sevilla (560–636) waren. Dass sich die Konsistenz des Meeres so vollkommen ändern können sollte, bezweifelten die einen, die anderen glaubten es. Und Dritte erzählten ein wenig darum herum, schmückten aus, konkretisierten. So im ersten Viertel des 12. Jahrhunderts ein deutsches Gedicht, das nur in Ausschnitten enthalten ist und *Merigarto* genannt wird. Das führt neben Merkversen zu bekannten Meeren wie dem Roten auch in einem eigenen Abschnitt »de lebirmere« auf. Wie das klingt! Igitt! Ein Lebermeer! Oder doch eher ein Klebermeer? So kommt es Ende des 12. Jahrhunderts im Versepos *Orendel* vor. Was ist schlimmer? Festkleben oder glibberschlibbern? Etwa um dieselbe Zeit entsteht das mittelhochdeutsche Versepos *Herzog Ernst,* in dem der Held vor dem Magnetberg mit dem Lebermeer zu kämpfen hat. Von da an zieht sich die Geschichte durch Sagen, Erzählungen und Reiseberichte. Selbst Christoph Kolumbus berichtet von einem zähen Meer. Damit meinte er aber wohl die Sargassosee.

Das Wort »concretum mare« oder »mare concretum« bzw. »pigrum«, wie es in den lateinischen Zitaten der Pytheas-Reiseberichte vorkommt, kann vielerlei bedeuten, so zum Beispiel auch ein gefrorenes, ein Eismeer. Es mit »lebirmer« zu übersetzen scheint erst einmal merkwürdig. Es handelt sich aber offensichtlich, wie der Philologe Martin Przybilski argumentiert, um einen schlichten Verständnisfehler – der späteren Zeiten, nicht des Übersetzers. Das Verb »liberen«, seit dem 10. Jahrhundert überliefert, bedeutet »gerinnen«, sodass »de lebirmere« also ganz korrekt mit »von dem geronnenen Meer« übersetzt wurde. Sehr bald verlor sich die Kenntnis von »liberen«, während »Leber« und auch »Lebertran« nahelagen als eklig anschauliche Worte für ein zähes Meer. Ein produktives Missverständnis war geboren und lebt seither fort in den wunderlichen Schicksalen der Seefahrer – bis zu Käpt'n Blaubär.


## Eine göttliche Melange oder Wie der wundergebärende, unsterblichkeitstrankentbergende Milchozean der Hindus entstand

Was wie eine Erfindung Michael Endes klingt, kennen Hindus seit Kindertagen – den Milchozean. Warum das mythische Meer so heißt und welch wunderbare Geschichte aus seinen Fluten zu fischen ist, darf meinen Leserinnen und Lesern nicht vorenthalten werden. Versenkt euch also mit mir, o ihr zu Erleuchtenden, für ein paar Ewigkeitsmomente in indische Tiefen. Namaste!

Es war in der Zeit, als die Götterschar ihre Unsterblichkeit verloren hatte und suchte, wie sie wiederzugewinnen wäre. Auf dem heiligen Berg Meru, der auch den Namen Mandara trägt, versammelten sie sich, denn er war himmelhoch, unersteigbar für die Menschen, der Erste unter den Bergen, voll Leben spendender Kräuter und herrlich gefährlicher Raubtiere, begnadet mit Strömen und Bäumen und Gesängen der geflügelten Chöre.

Als Narayana, der aus dem Wasser Kommende, die göttliche Macht, diese Versammlung der Götter sah, riet er Brahma: »Rühre, quirle, buttere den Ozean, denn auf solche Weise wirst du Amrita, den Unsterblichkeit spendenden Trank, gewinnen, und nimm zu Hilfe die anderen Götter und die Dämonen, die Asuras!« Und obwohl sie einander fremd, wohl sogar feind waren, verbündeten sich die Asuras und die Götter.

Um den Ozean zu buttern, brauchten die Götter und Asuras den gewaltigsten aller Quirle, und sie wussten, es müsse der Berg Meru oder Mandara selbst sein, denn 11 000 Ochsenkarrentagesreisen erhob er sich, und 11 000 Ochsenkarrentagesreisen ging er hinab. Doch die geballte Kraft der Götter und Asuras reichte nicht aus, den riesigen Berg zu entwurzeln. Da berieten Narayana, den man auch Vishnu nannte, und Brahma, was zu tun sei, und Vishnu bat den Prinzen der Schlangen, den mächtigen Ananta, um Hilfe. Und er kam und riss mit unerschöpflicher Macht Mandara aus dem Erdreich mit allen Strömen, Vögeln, Kräutern, Bäumen und kam mit ihm und den Göttern und den dämonischen Asuras zum Ozean. Dort richteten die Götter ehrerbietige Worte an den Ozean: »O Ozean, wir sind gekommen, dich zu buttern, zu rühren, zu quirlen, um Amrita, den Unsterblichkeit spendenden Trank, zu gewinnen.« Da antwortete der Ozean: »So sei es. Ich werde einen Anteil daran bekommen. Ich kann das ungeheure Quirlen durch Mandara ertragen.« Weil sie aber eines gewaltigen Widerlagers für den gewaltigen Quirl bedurften, zogen die Götter zum Schildkrötenkönig Kurma, der war ein Avatar Vishnus, und sagten: »Wer außer Dir, oh König der Schildkröten, könnte Widerlager des gewaltigen Quirls Mandara sein, des einzigen Berges Meru?« Da stimmte der Schildkrötenkönig zu und stieg hinab in den Ozean, wo er dem Quirl Halt gab, und Indra, der Gott des Sturms und des Kriegs, vermochte es, den Bergquirl umzukehren und die Spitze auf den Panzer zu hieven. Womit nun sollten die Götter auf der einen und die Dämonen auf der anderen Seite den Quirl drehen? Da baten sie die Urweltschlange Vasuki, als ein Seil zu dienen, die huldvoll einwilligte und sich alsogleich einmal um den Berg im Wasser schlang, und die Asuras fassten an der Haube Vasukis an, die Götter mit dem Schlangenprinzen Ananta an der Schwanzseite, dann aber zogen bald die einen, bald die anderen, sodass der Mandara-Quirl unbeschreiblich mächtig den Ozean durcheinanderwirbelte und aufschäumte, und Bäume und Pflanzen auf ihm wurden entwurzelt, und ihr dicklich weißer Saft machte den Ozean milchig und reich an himmlischer Nahrhaftigkeit, und die Götter tranken davon, aber Amrita erschien

nicht, und immer schwerer durchwühlte der Quirl den Ozean, der zu flüssiger Butter wurde. Und nachdem ihnen Narayana, der Göttliche, neue Kraft verliehen hatte, zogen die Götter an der einen, die Asuras an der anderen Seite weiter an Vasuki, und als sie so ungeheuerlicher quirlten, da erhob sich mild der tausendstrahlige Mond aus dem Milchbutterozean, und es entsprangen ihm Lakshmi, gekleidet in Weiß, die Schönheit, Gesundheit und Wohlstand Verleihende und Glück, und Uchchaisrava, das Juwel aller Pferde, siebenhäuptig, und es kam aus dem Milchozean Varuni, die Göttin des Weins, und die göttliche Kuh Kamadhenu, die auch Surabhi genannt wird, Airavata dazu, der himmlische Elefant mit Doppelstoßzahnpaaren, Indras Reittier, und Nymphen erschienen und der die Welt mit seinem Duft erfüllende Wunderbaum Parijat, und vieles mehr erschien, am Ende aber, als Vasuki, fast zerwrungen vom Pressen am Berg und vom Ziehen der Götter und Dämonen, schon das alles verderbende Gift Halahala oder auch Kalakuta gespien, das Gott Shiva jedoch aufopferungsvoll verschlungen hatte, um die Schöpfung zu retten, am Ende aber, da erhob sich aus dem Buttermilchmeer der göttliche Arzt und mächtigste und älteste der Heiler Dhanwantari, und er hielt einen Kelch mit Amrita in seiner Hand. Die Asuras schrien, sie wollten den Trank, und legten Hand an ihn, aber Narayana, der Göttliche, bezauberte sie mit der überschönen Maya, die ihnen alle Vernunft raubte und auch den Kelch mit Amrita, den sie den Göttern reichte, die alle aus ihm tranken. Da sie nichts bekommen sollten, führten die Dämonen eine fürchterliche Schlacht, die sie jedoch schließlich verloren, und manche von ihnen, die überlebt hatten, flüchteten sich in den Milchbutterozean, der langsam, sehr langsam, da der Quirl nun nicht mehr gedreht wurde, sein altehrwürdiges Aussehen wiedergewann.

So in etwa steht die Geschichte in Sektion 17–19 des ungeheuren indischen Epos *Mahabharata*, aber der Mythos von der Herstellung dieser ozeanischen Melange mit all ihren Wunderausgeburten kennt viele, viele Ausgestaltungen, die sich widersprechen, ergänzen, verwirrend gegenüberstehen. Auf einer Indien-, Thailand- oder Indonesienreise werden Sie, verehrte Leserinnen und Leser, jedenfalls leicht auf Bilder, Figuren oder Erzählungen stoßen, die mit diesem hochbedeutenden Quirlen des Milchozeans zu tun haben. Im Indischen und in Sanskrit nennt man es »samudra/sagar manthan/manthanam« oder »ksheera/kshirsagar/Sagara Mathanam«. Dabei heißt das Quirlen »manthan« oder »manthanam«, der Ozean »sagar« oder »samudra«. »Kshir« heißt »Milch«, sodass »kshirsagar« »Milchozean« bedeutet.

# Segeln auf dem Mond?
## oder Die Nichtmeere

Lange bevor ich es das erste Mal sah, interessierte ich mich für das Steinhuder Meer. Eltern von Schulfreunden fuhren dorthin, um Urlaub zu machen, zu segeln. Ich stellte mir die Möwen vor, die Quallen, die Sandburgen und natürlich die Wellen. Pustekuchen! Schön und urlaubswürdig ist das Steinhuder Meer, aber mit seinen knapp 30 Quadratkilometern eher eine Pfütze gegenüber selbst noch den kleinsten seiner großen Namensvettern. Ist touristische Angeberei der Grund für die hochstaplerische Bezeichnung? Auf einer Karte von 1591, lang, lang vor Etablierung des Wirtschaftszweigs Urlaubsindustrie, steht aber schon »Steinhuer [sic!] Meer«. Seltsam.

Inzwischen kenne ich viele weitere Landmeere in Deutschland. Das schon erwähnte Frauenmeer in Ostfriesland gehört dazu, und in der Nähe liegen das Sebens- und das Hilgenmeer, alle noch viel kleiner als das Steinhuder. Die beinahe enttäuschend banale Erklärung des Rätsels liefert das *Etymologische Wörterbuch des Deutschen* unter dem Stichwort »Meer«: »Im Germanischen stehen die Bedeutungen ›Meer‹ und ›stehendes Gewässer, Binnensee, Sumpf‹ nebeneinander.«

Dass trotzdem viele Touristenattraktionen mit dem Begriff »Meer« werben, versteht sich von selbst und soll hier nicht noch befördert werden. Interessanter im Bereich der Nichtmeere im engeren Sinn ist, dass sie zwischen 400 Meter unter dem Meeresspiegel und bis zu 400 000 000 Kilometer über demselben vorkommen. Den Tiefpunkt bildet das Tote Meer. In der kargen, wasserarmen Umgebung wahrlich eine Art Meer, das in der Antike bereits seinen Namen bekam, im Griechischen »thalassa hä nekra« und im Lateinischen »mare mortuum«. Der Name drückte auch die tiefe Enttäuschung aus, statt erfrischenden Süßwassers einen zwar sehr großen, doch extrem salzigen See vorzufinden, in dem Leben unmöglich zu sein schien. Man sagte den Ausdünstungen des Toten Meeres nach, sie seien so giftig, dass Vögel nicht darüberflögen. Dazu passte, dass man hier natürlichen Asphalt fand, wonach es in der Antike auch »Asphaltsee« genannt wurde. Pfiffig wirkt die arabische Bezeichnung »al-Bahr Lût«, also »Meer des Lot«, neben »Meer des Todes«, »al-Bahr al-Mayyit«, denn das viele Salz und die tiefe Senke erklären sich für diese Überlieferung aus der Zerstörung Sodom und Gomorrhas, der nur Lot mit seiner Familie entkam. Bis auf seine Frau. Die drehte sich ja um und erstarrte zur Salzsäule. Das war genau die Form, in der Totes-Meer-Salz gehandelt und transportiert wurde, in Stangen gepresst.

Das Alte Testament und andere hebräische Quellen bezeichneten das »Tote Meer« dementsprechend oft als »Salzmeer«, dazu als »Wüstenmeer« oder – wie schon erwähnt – als »Vorderes Meer«, also östliches, im Gegensatz zum »Hinteren Meer«, dem westlich gelegenen Mittelmeer. Für die wüstenaffineren Juden war es immer ein »yam«, ein »Meer«, für die meererfahrenen Griechen und Römer meistens nur ein sehr großer See. Wie so oft macht bei der Namenswahl die Perspektive sehr viel aus.

Mit sehr viel mehr Recht spricht man vom Kaspischen Meer, das nur vereinzelt als Kaspisee verunglimpft wird. Zwar gilt es als Binnengewässer, da es nicht mit anderen Meeren verbunden ist, dafür erstreckt es sich über eine Fläche, die nicht wesentlich kleiner ist als die der Ostsee ohne Kattegat oder die des Schwarzen Meers, mit

Mare Tranquillitatis

dem es immer wieder zeitweise verbunden war; zuletzt am Ende der Eiszeiten, wenn man nicht die Kanäle mitrechnet, die heute über das Asowsche Meer in das Schwarze Meer führen.

Eine Art Großer-Bruder-See des Toten Meeres, der auf die hochtrabende Bezeichnung verzichtet, gibt es in Utah, USA, mit dem Great Salt Lake, der fünfmal so groß ist. Dafür benennen neuere chinesische Texte tief in Asien die Wüste Lop Nor auch »Meer des Todes«. Lebensfeindlich sah es dort nicht immer aus, es gab mal einen See Lop Nor, der freilich längst verschwunden ist. Sein Name, der auf die Wüste übergegangen ist, wirkt heute wie Hohn. »Lop Nor« heißt im Mongolischen »See, in dem viele Wasserquellen zusammenkommen«.

Groß wie ein Meer und wellenreich, wenngleich nicht überall, ist die Sahara, deren einer Teil in Algerien »Große Westliche See« genannt wird, insgesamt kennt man sie im Arabischen auch als »baḥr bilā māʾ«, also »Meer ohne Wasser«, dessen Übergang zu weniger trockenen Gegenden folgerichtig »Sāḥil«, also »Ufer, Küste«, genannt wurde. Und damit erklärt sich der Name der Sahelzone.

Unzählig viele Nichtmeere wären noch zu erwähnen, aber mir steht der Sinn nach Höherem. Dabei stellt das Steinerne Meer als Teil der Berchtesgadener Alpen mit seiner Karsthochfläche auf stellenweise gut 2000 Meter Höhe nur eine erste kleine Etappe dar. Tolle Landschaft, sicher, durchaus meerähnlich die bewegte Gipfelfülle, aber noch nicht wirklich hoch hinaus.

Lassen Sie uns in den Mond schauen. Ja, das »Mare Tranquillitatis« (»Meer der Ruhe«), das »Mare Crisium« (»Meer der Gefahren«) und den »Oceanus Procellarum« (»Ozean der Stürme«), die lob ich mir. Fast kein Tourismus, riesig viel Auslauf, prima Aussicht. Nur mit den Temperaturen muss man sich anfreunden und vielleicht dem Luftmangel. Davon wusste Giovanni Battista Riccioli (1598–1671) noch nichts, der mit seinem Kollegen Francesco Maria Grimaldi

(1618–1663) die Mondkartografie revolutionierte. In seinem Werk *Almagestum novum astronomiam* findet sich die Deutung der großen dunklen und weiten Mondflächen als Meere, die sich bis heute hält. Namen, so beweist das Beispiel, besitzen immer wieder eine Macht, weit stärker als das Faktische oder der Wissensfortschritt.

Aufmerksame Leser meckern jetzt gegen Ende des Kapitels. »Der Mond ist doch keine 400 000 000 Millionen Kilometer entfernt! Nicht mal ein Promille der Strecke!« Stimmt. Entschuldigung. Beinahe hätte ich das Rote Meer vergessen. Nicht das irdische, das marsische. An ihm und der ganzen Marsmenschenhysterie oder -hoffnung ist der italienische Astronom Giovanni Virginio Schiaparelli (1835–1910) schuld; und eine Fehlübersetzung. Als er 1877 erstmals seltsame längliche Strukturen auf dem Mars beobachtete, erschienen sie ihm wie Gräben oder Flüsse, und als er 1888 die erste genaue Marskarte anfertigte, verzeichnete er Seen, Meere, Untiefen, Landstriche, die er fröhlich mit irdischen Namen aus der Bibel, der Mythologie, aber auch der Geografie versah. So zeichnete er ein »Mare Erythraeum«, also ein »Rotes Meer«, ein, das exzellent zum Roten Planeten passte. Und die Sache mit den Gräben stimmte ja wirklich. Sie sind, wie man heute weiß, ca. 4000 Kilometer lang, bis zu 700 Kilometer breit, bis zu 7 Kilometer tief – gewaltig! Schiaparelli verzeichnete »canali« auf der Marskarte, was sowohl Bruch im tektonischen Sinn bedeuten kann wie Kanal. Ob er es bewusst offenließ? Zeitgenossen elektrisierte er mit beidem – mit der Idee, auf dem Mars gebe es Wasser in meermäßigen Mengen, und mit der, es könnte dort oben Kanäle geben, die ja auf Kanalbauer hinwiesen und also auf die Tatsache: Wir sind nicht allein.

Diese Vermutungen entkräfteten angesehene Astronomen so rasch, dass sich die meisten Meernamen auf dem Mars nicht halten konnten – bis auf das »Mare Erythraeum«. Es passt eben, Sie wissen schon, gar zu gut auf den Roten Planeten.

PS: Das schönste Nichtmeer erstreckt sich zwischen Holz und Holz, und obwohl Schiffe oder Lokomotiven hier erkennbar bloß ein Plastikmeer durchqueren, bezaubern seine Wellen schon viele Generationen. Vielleicht sollte man es Zellophanmeer nennen? Die Augsburger Puppenkiste machte jedenfalls vor, dass man mit sehr wenig Plastik ein herrliches Meergefühl zaubern kann.

Wie anders das »Mar del Plástico« in der spanischen Provinz Almería! Über 350 Quadratkilometer Folien, die Gemüse(un)kulturen bedecken. Ein grauenhaftes Bild, eine grauenhafte Anlage, aus der wir unser Gemüse beziehen. Wir, die wir im Alltag Millionen Tonnen an Plastik fortwerfen, wegspülen lassen, um ein noch schlimmeres Plastikmeer zu erzeugen. Keine Stelle der Ozeane gibt es mehr ohne diesen hässlichen und gefährlichen Schrott, auch wenn ihn Meeresströmungen und Meereswirbel in bestimmten Gegenden konzentrieren, wobei er immer mehr zerfällt. Es ist, als wollten wir aus dem Meer selbst ein Nichtmeer machen.

# Für immer Schleudergang
## oder Der Indische Ozean

O b es eine Gegend gibt, in der man mehr Meervornamen für Jungen und Mädchen findet als in Indien? In Sanskrit und Hindi böten sich zum Beispiel an Abdi, Ambudh, Ambudhi, Iravat, Iravati, Sagar, Sagara, Varun, Varuni, Varuna, Sindh, Sindhu. Und dabei ist das nur eine kleine Auswahl, ohne die vielen Varianten oder Kombinationen. Und alle heißen Ozean oder Meer. Einen germanischen Ozeanvornamen dagegen kenne ich nicht. Die bei uns verwendeten stammen wie Maresa oder Marina aus dem Lateinischen.

»Was soll«, fragen Sie sich vielleicht, »diese weitschweifige Einleitung? Der Indische Ozean heißt doch einfach nach Indien so.« Ja, schon richtig. Aber Indiens Name, eigentlich Sindh, geht auf den Indus zurück. Dessen Name wiederum bedeutet – Achtung, Katze findet Schwanz und: beißt hinein! – »Fluss, Meer, Ozean«. In gewisser Weise heißt dann dieses Weltmeer »Ozeanischer Ozean«. Dass es, wie schon erwähnt, von Herodot und vielen weiteren antiken Gelehrten nicht »Indisches Meer«, sondern »Rotes Meer« genannt wurde, kommt erschwerend hinzu. Ach ja, der Indus fließt heutzutage nicht mehr durch Indien, sondern durch Bangladesch, wobei sein Quellgebiet in der umstrittenen Kaschmir-Provinz liegt. Und auf indonesischen Karten steht als Name über dem östlichen Teil des Meeres »Indonesischer Ozean«.

Die Sache mit dem Roten Meer und seiner unterschiedlichen

Ortung beschäftigte schon die Antike ein wenig, wie man dort nachlesen kann. Dass der Indische Ozean insgesamt rot sein solle, konnten die Alten sich nicht vorstellen. Sie waren hocherfreut, als ein König am Persischen Golf namens Erythros, Erythras oder so ähnlich als Namenspatron ins Spiel gebracht wurde, denn das klang genauso wie das griechische Wort »erythros« für »rot«. So eine Namensgleichheit bei unterschiedlicher Bedeutung in zwei Sprachen sorgt ja immer mal wieder für Verwirrung. Das »Erythräische Meer« oder »mare Rubrum« erstreckte sich dementsprechend nach Ansicht altgriechischer und römischer Geografen nicht weit in den Süden, sondern umfasste den Persischen Golf, der damals schon genauso hieß, »Persicus Kolpos«, dann das Meer zwischen Afrika und Indien, das heutige Arabische Meer, und manchmal noch den Arabischen Golf (Sinus Arabicus), das Rote Meer in unserem modernen Sinn. Es wurde zum »mare Australe« gezählt, dem südlichen Okeanos, also Weltringmeer, den Östlichen oder Indischen Okeanos dagegen zeichnete man mit mehr Fantasie als Kenntnis östlich Indiens ein, wobei er weit, weit in den Norden reichte.

Es waren die europäischen Entdecker der Frühen Neuzeit, die dem Indischen Ozean ganz neue Grenzen verliehen. Der Pazifik erstreckte sich seit Magellan im Osten. Wo sollte er im Westen enden? Man zog eine eher willkürliche Scheidelinie von Birmas und Thailands Westküste über Malaysia und Indonesien bis nach Australien – als man es entdeckt hatte. Erst die International Hydrographic Organization dekretierte hier eine verlässliche und verbindliche, wenn auch nicht weniger willkürliche Grenze. Die IHO hat bis heute eine weitere diskutable Grenze nicht bestätigt, die zum Südlichen Ozean oder auch zum Antarktischen Meer oder zum Großen Südlichen Ozean, über den an anderer Stelle mehr zu lesen ist.

Die Teilmeere des Indischen Ozeans haben zumeist keine besonders spannenden Namensgeschichten, bis auf eines. Die Andamanensee heißt natürlich nach der gleichnamigen Inselgruppe, aber sie selbst wiederum mit gewisser Wahrscheinlichkeit nach dem Affengott Hanuman, der im Hindu-Epos *Ramayana* seinen berühmtesten Auftritt hat und einen speziellen im Wortsinn auf den Andamanen. Er muss nämlich eine entführte Frau, Sita, für seinen verehrten Freund Rama finden. Da erfährt er, sie sei auf Ceylon. Vom indischen Festland aus macht er gewaltige Schritte dorthin, doch selbst ein Gott benötigt ab und zu einen Trittstein im Meer: die Andamanen eben. Und wenn man erfährt, dass der Gott im Malaiischen »Andoman« hieß, dann klingt das doch verdammt wahrscheinlich, kann man es auch leider nicht beweisen.

Und wenn wir schon beim Mythos sind: Für islamische Gelehrte hieß die See um Indien herum »Bahr al-Hind«, also »Indischer Ozean«, dann auch »Bahr al-Zendj/Zandj«, was ebenfalls »Meer der Inder«, vielleicht der »Südinder«, bedeutet. Wichtig war für arabische Kaufleute vor allem zu wissen: Wer über es hinausfahre, gerate ins Meer der Dunkelheit, wo Seeleute, die vom Kurs abgekommen sind, für immer herumgeschleudert würden.

# Die vielen Köpfe der See
## oder Am Kap geht viel kaputt

Es schien, als würden die Schiffe tief im Süden des amerikanischen Doppelkontinents aufgespießt von Kap Horn. Über 1000 Schiffe mit 15000 Mann Besatzung sollen dort gesunken sein, sagt man. Sie wenden, verehrte Leser ein, es heiße »Kap Hoorn«? Ja, aber deutsche Seeleute fanden den gefährlichen Tier-Ausdruck überzeugender, kannten ihn auch aus anderen Gegenden wie dem Horn von Afrika, und sie ließen sich inspirieren von der englischen sowie der spanischen Schreibweise »Cape Horn« und »Cabo de hornos«. Die Spanier dachten vielleicht an die Bezeichnung »Feuerland« und dass »Hoorn« mit »hornos«, den Backöfen, als Feuerstellen zusammenhängen könne. Ob mit einem oder zwei o und auch ohne genaue Zahlen der Toten zeugen die Berichte der Überlebenden davon, welch unendliche Leiden bei der Umsegelung der Südspitze Südamerikas zu erdulden waren.

Am 29. Januar 1616 entdeckten die Holländer Jacob Le Maire (1585–1616) und Willem Cornelisz Schouten (1580–1625) mit ihrer Besatzung als erste Menschen das Kap. Sie brauchten unglaublich kurz, es zu umfahren, nur zwei Tage. Viele Schiffe kämpften in späteren Jahrhunderten Wochen, gar Monate oder gaben die Umsegelung überhaupt auf. Die beiden Abenteurer aus Hoorn, einer Handelsstadt südlich von Amsterdam, waren 1615 aufgebrochen, um einen Seeweg nach Indien zu finden, der nicht von der Niederländischen Ostindien-Kompanie alleinig beansprucht wurde. Die hatte sich national alle Geschäfte mit den Gewürzinseln gesichert, die auf dem Weg durch die Magellanstraße oder die Umfahrung des Kaps der Guten Hoffnung zustande gekommen waren. Der Versuch Le Maires und Schoutens, dies Monopol zu brechen, fand die Unterstützung einiger Kaufleute aus Hoorn. Die beiden Schiffe, auf denen man aufbrach, hießen *Hoorn* – sie verbrannte leider schon an der Küste Südamerikas bei Reparaturarbeiten – und *Eendracht*. Und wenn Sie sich jetzt noch wundern sollten, wieso die beiden auf den Namen »Kap Hoorn« kamen, dann müsste ich mich wundern. Wirklich verwunderlich ist es allerdings, dass eine Landmarke aus so vielen Gründen so benannt wird. Das zweite o ging, wie erwähnt, in anderen Sprachen bald verloren, und da die holländische Stadt einfach nicht bekannt genug ist, denken geografiekluge Deutsche heute an Kap Hoorn, viele andere aber an Kap Horn und Stiere, Ochsen, Einhörner und eine Landspitze, die Schiffe aufspießt.

Noch ein Wort zu Schouten und Le Maire, deren Schicksal tragisch und für unser Thema erzählenswert ist. Am 12. Februar 1616, also nur knapp zwei Wochen nach Kap Hoorn, sichteten sie die Westöffnung der Magellanstraße und feierten. Bei der Gelegenheit beschloss man noch eine weitere Benennung. Um zu Kap Hoorn zu gelangen, hatten sie nämlich zwischen der Großen Feuerland-Insel und Staateninsel eine Durchfahrt passiert. Die, vereinbarte man, sollte Jacob-Le-Maire-Strate heißen, obwohl an Bord viele Schoutens Namen bevorzugt hätten, weil der erfahrene See- und Steuermann viel mehr Anteil an der Entdeckung hatte als der Kaufmann. Nun, es kam so, dass Geld über Verdienste gestellt wurde. Es dauerte nicht lange, bis die *Eendracht* holländische Landsleute traf, auf den Gewürzinseln nämlich. Doch statt eines begeisterten Empfangs folgte Inhaftierung. Die Zuständigen von der Niederländischen Ostindien-Kompanie glaubten ihren Konkurrenten in spe die Sache mit dem neuen Seeweg nicht. Sie beschlagnahmten das Schiff und schickten Schouten und Le Maire zurück in die Heimat. Auf dem Seeweg starb der Kaufmann, der Seemann überlebte. Schouten prozessierte über Jahre und erhielt erst 1622 Recht und Kompensation. Der Bericht der Reise erschien immerhin schon 1618 in Amsterdam. Die Karte darin vermerkt voll treuen Angedenkens auch die »Strate van Le Maire«, also die Le-Maire-Meerenge, wie auch die ein Jahr später erschienene lateinische Ausgabe beweist, deren Karte an der Stelle der Durchfahrt salomonisch gerecht aufführt: »Fretum Le Maire a Wilhelma Schouten Hornano Batavia primum inventum et lustratum anno 1616«. Zu Deutsch: »Meerenge Le Maire, von Wilhelm Schouten aus Hoorn, Batavia [Holland], als Erstem entdeckt und gemustert im Jahr 1616«.

Und wenn wir schon beim Lateinischen sind: Alle Kaps dieser Welt – sogar der deutsche »Kopf« – kommen vom lateinischen Wort »caput« her, das zuerst einmal »Haupt« bedeutet. Einen Landvorsprung nannten die Römer allerdings nur äußerst selten »caput«. Das entwickelte sich erst in romanischen Sprachen, in denen das Wort verkürzt wurde. Schon das Altfranzösische kennt »cap« als seemännischen Fachbegriff. Über die Niederlande bekamen wir das »Kaap«, hatten als Fremdwort vorher schon »cabo« und »capo« verwendet. Ab dem 17. Jahrhundert dann wusste man auch als Hochdeutsch sprechende Landratte, was mit dem Ausdruck »Kap« gemeint war. Zur Sicherheit benutzte man gleichwohl immer wieder eine Doppelung, so Olfert Dapper in seiner *Beschreibung von Afrika* (1670/71), der »Haupt oder Ecke der Guhten Hoffnung« schrieb.

Es war damals schon mit Kap Hoorn das berühmteste der Welt, trug und trägt aber einen schöneren Namen, der im positiven Sinn bedeutungsschwanger war: Kap der Guten Hoffnung. Ein guter Ersatz für den ersten, den 1488 der Entdecker Bartolomeu Dias (1450–1500) gewählt hatte, obwohl auch dieser Name seine Berechtigung hatte. Wie es damals dazu kam? Nach einer langen, langen Fahrt die afrikanische Küste hinunter, nach vielen Stürmen will die kranke, erschöpfte, widerwillige Mannschaft unbedingt umkehren, doch Bartolomeu Dias kann mit ernsten Worten noch ein wenig Aufschub erlangen: »Sie fuhren hierauf weiter und bekamen jenes große und merkwürdige Vorgebirge zu Gesicht, das so viele Jahrhunderte verborgen geblieben war, als mit welchem, sobald es einmal zu Tage käme, nicht allein es selbst, sondern auch die andre neue Länderwelt entdeckt wäre. Diesem gaben Bartolomeu Dias und die von seiner Mannschaft wegen der Gefahren und Stürme, die sie bei seiner Umschiffung bestanden, den Namen ›Tormentoso‹ [Stürmisches Kap]; aber als sie in das Reich zurückkehrten, legte der König Don João [Johann II., 1455–1495] einen anderen, schöneren Namen bei, indem er es ›Cabo de Boa Esperança‹ [Kap der Guten Hoffnung] nannte, weil es die Hoffnung erregte, das so sehr ersehnte und so viele Jahre gesuchte Indien zu entdecken.« So schildert es jedenfalls 70 Jahre später der bedeutende portugiesische Historiker João de Barros (1496–1570). Dias selbst durfte mit seiner Entdeckung nicht hausieren gehen – Geheimhaltung war angesagt, um die Konkurrenz aus dem Fernhandelsspiel herauszuhalten.

Ob Dias auch noch die wirkliche, 250 Kilometer weiter östlich gelegene Südspitze des afrikanischen Kontinents, das Kap der Nadeln (Cabo das Agulhas), erreichte oder nicht, ist umstritten. Dass es wegen der nadelspitzen Riffe und Felsen so heißen könnte, gilt immerhin als wahrscheinlich.

Viele Kaps schreckten die Schiffe in ähnlich schroffer Weise und wurden dementsprechend – halb ehrfürchtig, halb ängstlich – benannt. Besonders berühmt machten zwei Filme John Lee Thomsons und Martin Scorseses das nicht ganz so bedeutende Cape Fear an der Küste North Carolinas. Im 16. Jahrhundert sah die Sache allerdings anders aus. Der Entdecker Giovanni da Verazzano (1485–1528)

Das Kap der
Nadeln

kam 1524 als erster Europäer in der Gegend nach einer langen Atlantiküberquerung an und bemerkte die vielen tückischen Untiefen. Es war üblich und sicherer, an unbekannter Küste deren Verlauf zu folgen. Landvorsprünge wie dieser boten gute Orientierung und wurden deshalb sorgsam verzeichnet. Das Kap der Furcht, das übrigens die Spitze der sehr flachen Bald Head Island (Kahlkopf-/Glatzeninsel) bildet, bezeichneten allerdings erst 1585 Seeleute unter dem Seefahrer und Entdecker Richard Grenville (1542–1591). Sie befürchteten, ihr Schiff könnte am Kap selbst oder auf den vielen Sandbänken scheitern. Obwohl es gelang, unbeschadet die Reise fortzusetzen, blieb der Name. Er trifft besonders zu, weil es zum gefährlichen Bereich der Outer Banks gehört, einem System aus allerlei Untiefen, in dem starke Strömungen und Winde sowie plötzlich einfallender dichter Nebel schrecken. Über 1000 Schiffe sanken dort seit 1526. Kein Wunder, dass man die Meergegend auch »Friedhof des Atlantiks« nennt und ihr ein eigenes Museum in Hatteras Village gewidmet hat. Bei Sable Island in Nova Scotia gibt es eine weitere, ähnlich gefährliche Region, die ebenfalls »Graveyard of the Atlantic« heißt, wo seit Anfang des 17. Jahrhunderts fast 500 Schiffe scheiterten, und an der Westküste lauert der »Friedhof des Pazifiks« vor der Nordküste Oregons bis hinauf zum Cape Scott an der Nordspitze Vancouver Islands. Unglaublich, was da alles kaputtging und dass »kaputt« wie das Kap auf das lateinische »caput« zurückzuführen ist!

Nun, es gibt Tausende kleine und große Kaps, und jedes lohnte eine eigene Geschichte. Ich möchte nur noch auf zwei eingehen. Zum Ersten das Cape Cretin, weil ich mir sofort vorstellen musste, was für lustige Erlebnisse oder Begebenheiten an Bord dazu geführt haben mochten, diesen markanten Ort im Osten Papua-Neuguineas als »Kap des Zwergentrottels« zu bezeichnen. Die Erklärung, auf die ich dann stieß, enttäuschte. Das Kap trägt einfach den Namen des Leutnants Lionel Cretin, der in den 90er-Jahren des 18. Jahrhunderts

Teilnehmer einer französischen Rettungs- und Forschungsmission unter Joseph Bruny d'Entrecasteaux (1737–1793) war.

Da ist zum Zweiten eine Gruppe von Kaps, die alle eines gemeinsam haben: das Ende der Welt oder – weniger dramatisch – das Ende des Festlands. Eigentlich gilt das ja für alle diese Vorsprünge in die See hinein, aber doch nannte man nur einige von ihnen und manchmal auch einen Teil ihres Hinterlands »Finis terrae«. Die lateinischen Worte bedeuten »Ende des Landes« oder »Ende der Erde«. Ein ganzes Département der Bretagne heißt so und das dortige Kap Finistère, dazu das Kap Finisterre im Nordwesten Spaniens, dann Land's End in Cornwall, der westlichste Punkt Englands, an dem viele Schiffe bis in die jüngste Vergangenheit scheiterten, und das Finisterre-Gebirge in Papua-Neuguinea. Mein persönlicher Favorit heißt Kap Tenaro und liegt am südlichsten Zipfel der Halbinsel Mani, die wiederum den südlichsten Punkt des Peloponnes und der ganzen Balkanhalbinsel bildet. Das Ende der Welt versteht man hier einerseits wieder als Festlandsende und Beginn des Meeres, andererseits aber auch in einem übertragenen Sinn. Hier endete das irdische, sagte man schon in der Antike, und es beginne das Totenreich. An diesem Kap liege der Eingang zum Hades. Außer den Kaps gibt es freilich noch viel, viel mehr »Enden der Welt«, und wenn Sie einen verlässlich unterhaltsamen Begleiter dorthin wollen, greifen Sie zu Roger Willemsens gleichnamigem Buch.

# Alles eine Frage der Perspektive: Landeinbuchtungen oder Meerausstülpungen

## Ein Kloster mit Salzwiesen und die schöne Wölbung oder Die Bai ist eine Bucht, die Busen oder Golf heißen könnte

Eine der schönsten Buchten im Mittelmeer heißt »Voïdokiliá«, was auf Deutsch »Ochsenbauch«-Bucht bedeutet. Eisvögel jagen von den Felsen am schmalen Eingang der weit gebogenen, flachen Peloponnesbucht aus, die einem altmodischen Axtblatt, dem Buchstaben Omega oder eben einem prallrunden Ochsenbauch gleicht. Buchten nach solchen natürlichen Formen zu benennen lag nahe. Ähnlich war es auf der anderen Seite der Welt. Auf der Insel Fatu Hiva gibt es die berühmte Hanavave-Bucht, die von französischen Seeleuten »Bucht der Penisse«, »Baie des Verges«, benannt wurde, da die aufrechten Basaltsäulen links und rechts sie daran erinnerten. Die Bezeichnung konnte den später eintreffenden Missionaren nicht gefallen. Sie kamen zum Glück auf eine genial einfache Idee, die Bucht und die Pimmel sprachlich unschuldig erscheinen zu lassen, zumal sie eine Felsformation etwas im Hintergrund an die Jungfrau Maria erinnerte. Sie fügten in »Verges« ein i ein, und so entstand die »Baie des Vierges«, also die »Bucht der Jungfrauen«.

Gut, dass hier der auch mögliche und international gebräuchliche Ausdruck »Busen« für einen Küsteneinschnitt nicht verwendet wurde, sonst wäre die Entsexualisierung schon wieder beim Teufel gewesen. Er gehört übrigens zu den ältesten überlieferten Meerbezeichnungen, nannten doch schon die antiken Griechen große, bauchige, geschwungene Meerausstülpungen »kólpos«, was wiederum vielerlei bezeichnete, außer dem Meerbusen als nautisch-geografischem Begriff ganz allgemein »Wölbung«, »Busen, Brust«, »Bauch«, »Vagina«, »Meeresschoß«, »Talebene«, »Gewandbausch«. Das Wort übernahmen die Römer wie so vieles von den Griechen, einmal als wörtliche Übersetzung mit »sinus«, einmal als Fremdwort, wobei bis zu italienischen Varianten des Mittelalters »colpus«, »colfus« und »culfus« zu lesen war. Da fehlte fast nichts mehr zum »golfo«, das Kreuzfahrer im Hohen Mittelalter von den Seeleuten hörten, die sie von Italien ins Heilige Land und zum kleineren Teil wieder zurückbrachten. Ob »gulf« im Englischen oder »Golf« bei uns, die Sache leuchtete ein, wobei sie erst nur für mittelmeerische Einschnürungen des Meeres wie den Golf von Korinth verwendet, dann immer weiter ausgedehnt wurde bis zu den beiden berühmtesten, dem Persischen Golf und dem Golf von Mexiko, die oft ohne die genauere Bestimmung einfach nur »Golf« genannt werden, was ja schon der Golfstrom beweist. Der Golfsport dagegen bezieht sich auf schottische Bezeichnungen des Spiels im 15. Jahrhundert, die »golf« und »gouff« lauteten und ganz unabhängig davon entstanden sind.

Ich hoffe, Sie wollen mich jetzt nicht einbuchten, wenn ich gestehe, es geht bei Bai, Bay und Bucht verwickelter noch zu und fast so unübersichtlich wie an einer inselgesprenkelten Schärenküste, aber – wie mir scheint – auch ähnlich schön und abwechslungsreich. Eine Bai ist eine weite Meeresbucht, die in anderen, nicht nur europäischen Sprachen ähnlich heißt, nämlich Bay oder Bahía oder Baía oder Baie. Am Anfang steht mit gewisser Wahrscheinlichkeit eine dramatisch gelegene Abtei auf der nördlichen Spitze der Atlantikinsel Noirmoutier, die gegen Ende des 7. Jahrhunderts gegründet wurde. Der heilige Philibert soll die Salzgewinnung dort begonnen haben, die so erfolgreich wurde, dass es im 14. Jahrhundert schon im Mittelhochdeutschen den Ausdruck »bayesolt« und »baisolt« für das Meersalz dieser Herkunft gab. Die Insel nahe Nantes nannte man nämlich nach Philiberts Kloster bzw. Abtei, französisch »L'Abbaye«, schon im Mittelalter einfach »la Baie/Baye«. Das bezog man wohl bald auch auf die nordöstlich gelegene Bucht oder auf die kleineren Buchten, in denen man Salz gewann. Über Italien und Spanien, wo man die Bezeichnung für Meereseinschnitte allgemein verwendete, gelangte das Wort dann mit Reise-, Entdecker- und Forschungsberichten zu uns und nach England, wo es »bai« oder »bay« geschrieben wurde.

Wie angenehm einfach erklärt sich da die »Bucht« vom Verb »biegen« her. Damit konnte und kann man in Norddeutschland auch einen Pferch bezeichnen, denken Sie nur an die Schweinebucht nicht im historischen, sondern im landwirtschaftlichen Sinn. An der Küste, also im Niederdeutschen, bürgerte sich der Ausdruck für die Einbiegung des Meeres mindestens schon im Mittelalter ein, im Hochdeutschen erst im 17. Jahrhundert. Die Deutsche Bucht mit ihrem Entenschnabel ist über germanische Vorformen direkt verwandt mit dem altenglischen »byht« sowie dem englischen »bight« und damit sogar mit der vielfach größeren Great Australian Bight.

Seerechtlich gesehen ist die Große Australische Bucht allerdings keine Bucht! Was wir Laien so leichten Herzens im Mund führen, beschäftigt die Vereinten Nationen schon lange, weil die Frage nach Bucht oder Nichtbucht bis hin zu internationalen Verwicklungen führen kann. Nach Artikel 10 der *United Nations Convention on the Law of the Sea* (UNCLOS) ist eine Bucht ein »deutlich erkennbarer Einschnitt«, »mehr als eine bloße Krümmung der Küste«, mit mindestens einer Mündung zur See und an allen anderen Seiten landumgebenem Gewässer. Außerdem muss die Einbuchtung mindestens so groß sein, dass der Halbkreis, dessen Durchmesser der Linie zwischen den beiden äußeren Mündungspunkten entspricht, kleiner ist als die innere Wasserfläche. Das hat besonders deshalb eine große Bedeutung, weil die Fläche einer Bucht in diesem Sinn als Inneres Gewässer und damit als uneingeschränktes Hoheitsgebiet eines Staates zu betrachten ist.

Es gibt noch genauere Spezifikationen, was eine »Bucht«, was eine »Bay« ist, vor allem gibt es noch Ausnahmen, nämlich Historische Buchten und weiter gefasst Historische Gewässer, die den geomorphologischen Anforderungen der Juristen nicht entsprechen, aber aus Gewohnheitsrecht so angesehen oder bezeichnet werden. Der Streit darüber, ob ein Gewässer eine Bucht oder Historische

Bucht zu nennen ist, führte schon zu internationalen Verwicklungen. Am 10. Oktober 1973 erklärte Libyen den Golf von Sidra (die Große Syrte) als Inneres Gewässer, und zwar mit einer 300-Seemeilen-Linie zwischen den äußeren Punkten im Osten bzw. Westen, was zu sofortigen Protesten, aber auch zu zwei militärischen Zusammenstößen mit der 6. Flotte der USA führte, die dort Manöver abhielt. Von ihr wurden jeweils 1981 und 1989 zwei libysche Kampfflugzeuge abgeschossen, 1986 zwei Schiffe versenkt, wobei 24 Menschen getötet wurden. Eine verbindliche Liste der Historischen Buchten wäre also höchst wünschenswert, um solche Konflikte zu vermeiden, aber sie fehlt bis heute. Immerhin konnte der Fall des Golfs von Fonseca geklärt werden, der zur Historischen Bucht erklärt werden sollte. Dort konkurrierten allerdings drei Länder, El Salvador, Honduras und Nicaragua, um die Hoheit. Zwischen ihnen musste 1992 ein Schiedsspruch vermitteln, der die juristische Meinung bekräftigte, dass es im völkerrechtlichen Sinne eine multinationale Bucht nicht geben könne, da es keine geteilte Souveränität gebe. Stattdessen erklärte man die Wasserfläche des Golfs von Fonseca zur »abgeschlossenen See« und als Historisches Gewässer, in dem die drei beteiligten Staaten die Rechte gemeinsam wahrnehmen.

## Das Gegenstück zu Hinterland oder
## Ein Haff ist eine Lagune mit Nehrung und Bodden

Man müsste den Ausdruck »Hintermeer« als Äquivalent zu »Hinterland« erfinden, dachte ich mir, als ich überlegte, wie ich die schönen Ostseeausdrücke erklären sollte. Da fiel mir zum Glück das entzückende Hotel im Lieper Winkel der Insel Usedom ein, wo meine Frau und ich im Urlaub die Idylle des Achterwassers genossen hatten, einer Art Hintersee eben, die durch den Peenestrom mit der Ostsee und dem Stettiner Haff verbunden ist. Bei Koserow trennen ein paar Hundert Meter nur Achterwasser und Ostsee.

Jedes Haff ist so ein Hintermeer, und davor wacht eine lange, schlanke Nehrung oder erwehren sich ein paar eng liegende Inseln der Meereswellen. Das wirkt kurios, wenn man weiß, dass Haff mit »haf« und »hav« verwandt ist, das im Niederdeutschen, aber auch schon im Altnordischen, im Dänischen oder Schwedischen »Meer« bedeutet, weil es wohl mit »Heben« zu tun hat und das Auf und Ab der Wellen beschreibt. An der Ostsee emanzipierte sich bereits im 13. Jahrhundert »Haff« als spezielle Bezeichnung für die Küstenbucht hinter der Nehrung, was um 1800 in die Literatursprache einging. Der Hafen, also der geschützte Liegeplatz für Schiffe, geht auf die gleiche Wurzel zurück. Die das Haff schützende Nehrung hieß früher auch »nerge« und gehört zu einem erschlossenen Adjektiv »narwa«, das »eng« heißt, also »die Enge«, und mit dem englischen »narrow« verwandt ist. Sie engt das Hintermeer gleichsam ein.

Ohne Schwierigkeiten gelingt es, den Haffs auf den Grund zu gehen, denn flach erstrecken sie sich in den meisten Fällen nur wenige Meter über den Seeboden und bekamen daher auch den Namen »Bodden«. Ja, tatsächlich, der Boden und der Bodden gehören zusammen, wurden in Hoch- und Niederdeutsch nur unterschiedlich ausgesprochen und im Norden auf die flachen Meeresbuchten mit enger Öffnung zur See übertragen. Der Fachausdruck gelangte wiederum im 19. Jahrhundert in die Hochsprache. Der Bottnische Meerbusen, der Ausläufer der Ostsee zwischen Schweden und Finnland, der so flach ist, dass er winters leicht zufriert, verdankt seinen Namen der gleichen Wortherkunft wie der Bodden. Die schwedische Bezeichnung »Botten Havet« zeigt es, denn sie könnte man mit Bodenmeer übersetzen oder ein wenig frei mit Boddenmeer.

Mit dem Haff verwandt, aber noch viel mehr nach Urlaub und Abenteuer klingend, breitet sich die Lagune in unserer Fantasie aus.

Sie ist ja ebenfalls ein durch Landstreifen von der See abgetrenntes Gewässer. Und wir denken dabei besonders gern an die besonders schöne venezianische Lagune. Das taten schon unsere Vorfahren, die sie im Sinn hatten, als sie im 16. Jahrhundert den Ausdruck mit direktem Bezug auf sie übernahmen. Das italienische Wort »laguna« entwickelte sich offenbar aus »lacuna«, was »Teich, See, trogartige Vertiefung« bedeutete und eigentlich eine Verkleinerungsform des lateinischen Ausdrucks »lacus« für »See, trogartige Vertiefung« war. Zum Kitschstreifen *Die blaue Lagune* passt »trogartige Vertiefung« doch recht schön und beweist, wie sich der Ausdruck längst mit den Seefahrern in andere Weltgegenden verbreitet hat.

### Die Schweine sind Fische oder Wo die Exilkubaner wirklich landeten

Der Mafia gefiel es nicht. Den USA gefiel es nicht. Der CIA gefiel es nicht. Eine Guerillabewegung unter Fidel Castro und viele andere unzufriedene Bürger hatten ihnen die schöne Hinterhofidylle Kuba 1959 entrissen. Mordanschläge und andere Aktionen gegen die neuen Regierungschefs Osvaldo Dorticós Torrado und vor allem Fidel Castro, ebenfalls auf dem Weg zum Diktator, schlugen fehl. 1961 sollte deshalb eine geheime Militäroperation einer paramilitärischen Einheit aus Exilkubanern, kubanischen Ex-Agenten, US-Marine und CIA mit Bomberunterstützung einen Vorwand für ein offizielles militärisches Eingreifen der USA liefern. Der Punkt, an dem die Angreifer auf Kuba landen wollten, hatte sich bei den Verteidigern vorher aber schon herumgesprochen. So wurde »Bahía de Cochinos« zu einem der peinlichsten Orte der neueren US-Geschichte. Die meisten der gut 1000 Angreifer wurden nämlich recht rasch gefangen genommen und eingebuchtet. Ach ja, in der Welt wurde die

Aktion als »Invasion in der Schweinebucht« (»Bay of Pigs Invasion«) bekannt. Das passte allen Kritikern dieses völkerrechtswidrigen Angriffs ideal ins Konzept: Die CIA, die US-Amerikaner ganz allgemein hatten ja einfach schweinisch gehandelt! Geschah ihnen also recht, in der Schweinebucht zu scheitern! Die Weltpresse beschäftigte sich ausführlich mit dem Desaster, zumal es die kubanische Regierung propagandistisch ausschlachtete. So wurde die Schweinebucht zu einer der berühmtesten Buchten überhaupt.

Allerdings heißt sie in Wirklichkeit »Bucht der Drückerfische«. »Cochinos« versteht zwar jeder Spanier normalerweise als »Schweine«, aber bei der Benennung der Bucht ging es um eine vor allem im mittelamerikanischen Spanisch verbreitete Bezeichnung für die Drückerfische, insbesondere, wenn auch nicht nur, für *Sufflamen verres*, den Orangeseiten-Drückerfisch. Die Amerikaner, gerade die in Militärkreisen, hätten das kurioserweise durchaus wissen können. An Hitlers letztem Geburtstag, dem 20. April 1945, lief nämlich die *USS Cochino* vom Stapel, ein U-Boot, das 1946 meist von der – ebenfalls zu trauriger Berühmtheit gelangten – Guantánamo-Bucht aus operierte, die wegen der 15 Kilometer nördlich gelegenen Stadt so heißt. Die Marine wählte den Namen »Cochino« natürlich nicht nach dem für Spanier geläufigen Wort für »Saukerl, Schlamper, Drecksau, verdammt, schmutzig …«, sondern nach dem Namen des Orangeseiten-Drückerfischs. Erstens sah er schön aus, bunt, elegant, zweitens ist er ein erfolgreicher Räuber, drittens kann er einen konzentrierten Wasserstrahl erzeugen, um seine Beute aufzuscheuchen, umzudrehen, freizulegen. Das erinnert ein wenig an die U-Boote mit ihren Torpedos, die durch Druckluft ausgestoßen werden.

Die Weltmedien kümmerten sich nicht um die genaue Bedeutung des Namens, zumal die meisten Presseleute die amerikanische Bezeichnung »Bays of Pigs« übernahmen und übersetzten. Die kubanischen hatten erst recht nichts gegen die despektierliche Bezeich-

Invasion in der Schweinebucht

nung einzuwenden, weil sich der beleidigende Schimpf auf die unfähigen, rechtsbrüchigen, im Dreck wühlenden Amerikaner übertrug.

Und so wurde aus der beinahe poetisch klingenden »Ensenada de Cochinos«, dem »Busen der Orangeseiten-Drückerfische«, wie sie auf den Karten um 1900 noch hieß, die hundsgemeine »Schweinebucht«.


## Der Tod in der eigenen Bucht oder
## Wie Henry Hudson seinem Traum zum Opfer fiel

Der Hudson River ist nach ihm benannt, die Hudsonstraße, obwohl Sebastian Caboto sie vor ihm entdeckt hatte, und eine Bucht, die vielmehr ein Randmeer des Atlantischen bzw. Arktischen – wenn man den als eigenständigen rechnet – Ozeans ist, die Hudson Bay. Henry Hudson (um 1565–1611) hinterließ auf der Landkarte unübersehbar Spuren, auch in der Geschichte, wenn man an die mächtige Handelsgesellschaft denkt, die Hudson's Bay Company, die seit 1670 in heute kanadischem Gebiet operierte. Sie sollte die Aufgabe zu Ende führen, die Hudson selbst immerhin vier Mal angepackt hatte. Eine Nordostoder Nordwestpassage wollte er finden, um einen schnellen, nicht von Spaniern oder Portugiesen für sich reklamierten Seeweg nach Asien zu finden. 1607, 1608, 1609, 1610 fuhr er jeweils mit neuen Schiffen und wechselnden Geldgebern weit hinauf in den Norden und Westen, entdeckte Inseln und Wasserstraßen, schließlich auch die scheinbar unermessliche Seefläche, die ihm auf seiner letzten Fahrt als der Durchbruch, genauer, als die Durchfahrt zum Pazifik oder als Teil des Pazifiks selbst erschien. So nannte er selbst das Gewässer natürlich nicht »Hudson Bay«, erforschte es vielmehr, um nach China zu finden oder Japan oder Russland. Das Eis schloss ihn, seinen Sohn und die Mannschaft aber bald ein auf der *Discovery*, die immerhin, wie die meisten der Besatzung, einen schrecklich harten und langen Winter überstand.

1611 hätte alles gut enden können, siechten auch einige dahin, gab es auch viel zu wenig zu essen an Bord. Was dann geschah, ist nur einseitig überliefert. Am 23. Juni seien nach einer Meuterei an Bord Henry Hudson, dessen Sohn sowie sieben Besatzungsmitglieder in einem Beiboot mit einer Schusswaffe, etwas Proviant und weiterer Ausrüstung ausgesetzt worden. Der Grund für die Meuterei? Hudson habe gedroht, Kränkelnde aus Proviantmangel zurückzulassen. Wie er selbst die Sache sah, konnte niemand erfahren, denn von ihm, seinem Sohn und den sieben Besatzungsmitgliedern fand niemand mehr eine Spur. Das nährt den Verdacht, man habe ihn und die anderen ermordet, denn so nordland- und seeerfahren sei der Entdecker gewesen, dass man annahm, er hätte sich auch mit so wenig Ausrüstung durchschlagen können müssen.

Dass man die Meerstraße, den Fluss, das Randmeer in der Folge nach ihm benannte, das hatte sicher sehr viel mit Bewunderung für ihn und mit Anerkennung seiner außergewöhnlichen Leistungen zu tun, aber es war wohl auch ein Akt des schlechten Gewissens. Die überlebenden Meuterer – acht von dreizehn – kamen keineswegs alle vor Gericht, und selbst die erst sieben Jahre später in London Angeklagten ließ man ungestraft. Die Anführer der Meuterei hätten übrigens angeblich die Rückfahrt nicht überlebt, was für die anderen sehr praktisch war. Wieso man die Besatzung am Leben und straflos ließ? Vielleicht wegen ihrer unersetzlichen Erfahrungen, die sie in dem Gebiet gemacht hatte, das für die Händler und Entdecker des kanadischen Nordens unschätzbar wertvoll werden sollte.

Im Mai 1687 erwies sich Henry Hudsons letzte, tödliche Reise dann noch als besonders lohnend – über die geografischen, nautischen Erkenntnisse hinaus. Frankreich beanspruchte damals Kanada für sich, das Samuel de Champlain (1567–1635) schließlich erforscht und beschrieben habe. Die akribische Benennung zahlreicher Buchten, Kaps, Inseln, Erhebungen, Meerengen, »Häfen« und die genauen Karten Hudsons untermauerten nun, 76 Jahren nach seinem Tod, wirkungsvoll den Anspruch der englischen Krone auf das riesige Gebiet rund um die Hudson Bay.

PS: Die Gründung der bis in die Gegenwart bestehenden Hudson's Bay Company trug vielleicht dazu bei, die Hudson Bay zu ihrer heutigen Größe anwachsen zu lassen. 1625 findet sie sich auf einer Weltkarte des Henricus Hondius (1597–1651) aus Amsterdam erst einmal viel zu klein und recht ungefähr. Fünf Jahre später dagegen verzeichnet derselbe Kartograf die Umrisse schon sehr genau, vermerkt aber nur auf einem Landvorsprung ganz im Süden, also wo Hudson überwinterte, »Hudsons bay«, bei der heutigen James Bay, wohingegen das ganze große Becken als »Buttons bay« bezeichnet wird, nach Thomas Button (gestorben 1634) nämlich. Der war 1612, im Jahr nach der Meuterei, ausgefahren, um Hudson zu retten, und hatte dabei die Bucht ausführlich erforscht. Weil man sich 1630 über die tatsächlichen Ausmaße noch nicht im Klaren war, vielleicht immer noch Hudsons Traum einer Durchfahrt zum Pazifik teilte, schrieb Hondius, dessen Vater Judocus Hondius (1563–1612) mit Hudson persönlich bekannt gewesen war und von dessen Informationen sehr profitiert hatte, auf Latein die ehrenden Worte hin: »Magni hujus Oceani primus obtector Ille fuit Mr. Hudson« (»Dieses großen Ozeans erster Schützer/Schirmer war jener Mr. Hudson«). Noch 1664 steht auf Joan Blaeus Weltkarte »Hudsons Bay« an derselben Stelle wie bei Hondius. 1670 gründete man dann die Hudson's Bay Company, der natürlich daran gelegen sein musste, ein möglichst großes Gebiet für sich zu beanspruchen. So steht denn auch 1719 auf Zacharie Chatelains Weltkarte einfach wie heute über dem ganzen riesigen Seebe-

cken »Baye de Hudson«; allerdings mit dem leicht falschen Entde-
ckungsdatum 1612. Dass es sich wirklich »nur« um ein geschlosse-
nes Binnenmeer des Atlantiks handelte und keine Verbindung zum
Pazifik bestand, bewies erst 1741 der englische Seefahrer Christopher
Middleton, als er zum letzten Mal in der Hudson Bay die Nordwestpassage suchte.

# Die hohe See oder
# Wie der Streit um Namen zu einer
# hochpolitischen See führt

## Wellenzähler und Linienpenibilisten

Dem Laien erscheint die See unbegrenzte Wasserfläche, und herrlich frei breiten sich schon die Strandgewässer einer blauen Bucht aus. Wie anders dem Juristen. Faszinierend, wie er die Weite einteilt, die Tiefe, die vielfältige Küstengliederung rechtlich begradigt, Namen verteilt, deren spröde Poesie berührt, weil sie um eine Genauigkeit bemüht ist, die dem Frieden und der Sicherheit und der Einigkeit eine Chance geben soll. Klar, auch dem Kommerz und dem Herrschaftsgedanken! Aber so ein Grundlagenwerk wie Yoshifumi Tanakas *International Law of the Sea* kann man unmöglich durchlesen, ohne zu staunen über das heiße Bemühen, Klarheit zu schaffen oder wenigstens klarzustellen, welche Punkte unklar sind.

Welche Wasserfläche verdient zum Beispiel im juristischen Sinn die Bezeichnung »Ozean«? Das internationale Seerecht definiert ihn durch die Kontinuität von Meerräumen, die untereinander durch Meeresstraßen und Ähnliches verbunden sind und ineinander übergehen, die frei und natürlich miteinander im Austausch stehen und ein vergleichbares Höhenniveau haben. Auf diese Weise sind Flüsse und Binnenseeflächen ausgeschlossen. Klingt vielleicht etwas kompliziert und ist doch eine derbe Vereinfachung in den Augen von Rechtsgelehrten. Sie sehen im Meer seit Langem keinen rechtsfreien Raum, auch nicht auf hoher See, greifen benennend weit aus, wobei sie sich der Gegenkräfte durchaus bewusst sind, wie der Experte Internationalen Rechts René-Jean Dupuy 1985 eindrucksvoll formulierte: »Die See wurde immer von zwei gewaltig widerstreitenden Winden aufgewühlt: Der Wind von der Hohen See Richtung Land ist der Wind der Freiheit; der Wind vom Land Richtung Hohe See ist der Träger der Herrschaftsansprüche. Das Gesetz der See befand sich stets in der Mitte zwischen diesen widerstreitenden Kräften.«

Wie war das aber mit der »freien See«, die Hugo Grotius vor gut 400 Jahren in die Völkerrechtswelt setzte? Denn dieses hochbedeutende Wort steht tatsächlich im Titel seiner 1609 anonym veröffentlichten Schrift: *Mare liberum sive de iure quod Batavis competit ad Indicana commercia Dissertatio*. Schon damals ging es eben nicht nur um die »freie See« als hehren Rechtsanspruch, sondern um den freien Handel mit Indien, wie der zweite Teil des Titels klarstellt. Ein allgemeiner Rechtsanspruch wurde hier gegen die religiös-päpstliche Ordnung des Vertrags von Tordesillas ins Feld geführt, der 1494 mit einem Federstrich die Welt entlang von 46 oder 47 Grad westlicher Länge – je nach Interpretation des Messpunkts und der Meilen – in zwei Einflussgebiete, die Spaniens und Portugals, geteilt hatte. Ein exzellentes Beispiel übrigens von Verträgen zuungunsten und zulasten Dritter, denn die Bewohner der aufgeteilten Hemisphären hatten keine Stimme.

Seit Jahrhunderten bekämpfen sich auf den Weltmeeren also nicht nur Kriegs- und Handelsmarine, sondern auch Juristen; nun ja, oft verhandeln sie auch. Beispielsweise 1930 in Den Haag, wo sich die Internationale Konferenz des Völkerbundes traf, um internationales Recht zu kodifizieren. Es gelang, wenngleich nicht einstimmig, die Hoheitsgewässer endgültig als staatliches Hoheitsgebiet zu definieren, wobei auch der Luftraum darüber, das Meer unter der Oberfläche, der Meeresgrund und der Meeresuntergrund dazugerechnet wurden. Bemerkenswert militärisch und dehnbar zugleich, diente als Begrenzung der »territorial waters« oder Hoheitsgewässer die gewohnheitsrechtliche Kanonenschussreichweite (»canon shot rule«), die seit dem Beginn des 18. Jahrhunderts als drei Seemeilen definiert wurde. Selbstverständlich vergrößerte sich diese Zone mit der Entwicklung der Küstengeschütze.

Juristische Benennungen wie »Hoheitsgewässer« sind alles andere als Schall und Rauch. So sorgte auch das Thema »Gesetz der See« bei den Vereinten Nationen in den Jahren 1956 bis 1958 für allerlei Verhandlungen, deren Ergebnis eine Dreiteilung der Ozeane war: erstens Innere Gewässer, »internal waters«, zweitens Hoheitsgewässer, »territorial sea«, drittens die hohe See, »the high seas«, die alles umfasst, was die ersten beiden nicht sind. Es fehlten aber noch exakte Grenzziehungen.

Nach einer zweiten, im Grunde ergebnislosen Konferenz 1960 beschloss eine neun Jahre während Monsterverhandlung (1973–1982) am Ende so etwas wie die »Verfassung der Ozeane«, die »United Nations Convention on the Law of the Sea« (UNCLOS), der 130 Staaten zustimmten, vier stimmten dagegen, während sich 18 enthielten und von weiteren 18 keine Entscheidung festgehalten wurde. 2013 wurden es mit Osttimor 165 Staaten, die die Konvention ratifiziert haben.

Vor allem die Frage des Fischfangs und der Erdöl- und Erdgasvorkommen unter Wasser hatte gegenüber früheren Verhandlungen zu einer massiven Ausweitung der Interessenzonen und zu weiteren Benennungen geführt. Jetzt gab es fünf Zonen: erstens Innere Gewässer und Hoheitsgewässer; zweitens die Anschlusszone, die der alten Zwölfmeilen- als eine weitere Zwölfmeilenzone angeschlossen wurde. Hier galten ähnlich wie in der ersten Zone Hoheitsrechte gleichsam als Schutzrechte für die innere Zone, etwa in Fragen des

Zolls, der Steuern, der Einwanderung, des Umweltschutzes, des Drogenhandels oder der Gesundheitsvorsorge. Drittens gab es die ausschließliche Wirtschaftszone oder 200-Meilen-Zone mit Rohstoff- und Fischereirechten, wobei der Kontinentalschelf oder Festlandsockel eine besondere Rolle spielt. Dessen großzügige Definition kann nämlich die Zone auf 350 Seemeilen, ja in bestimmten Fällen sogar noch etwas weiter ausdehnen. Viertens Archipelgewässer, deren Wasserfläche von darinnen liegenden oder sie umgebenden Inseln bestimmt wird. Fünftens die hohe See, die als Erbe der Menschheit definiert wurde, womit ein neues Rechtssubjekt die Bühne der Meergesetzgebung betrat. Die Freiheit der Meere wird dadurch natürlich eingeschränkt. Das gilt ebenso für den Meeresboden und den Meeresuntergrund unterhalb des Bereichs der hohen See. Im Seerechtsabkommen wählte man dafür den emphatischen Namen »the Area«, »das Gebiet«. Darüber wacht seit 1994 die Internationale Meeresbodenbehörde in Kingston/Jamaika und über die Einhaltung des Abkommens seit 1996 der Internationale Gerichtshof für das Seerecht (ITLOS) in Hamburg.

Natürlich reicht diese sehr allgemeine Einteilung nicht aus, denn was ist mit den internationalen Meeresstraßen, oder wie definiert man die Grenzen der einzelnen Bereiche genau, da Küstenlinien ja extrem eingekerbt sein können oder unter Eis liegen, der Festlandsockel mal extrem breit, mal extrem schmal ist. Für fast alles gibt es eine zumindest vorläufige Lösung.

So kann nicht jede Insel eine ausschließliche Wirtschaftszone von 200 Seemeilen und womöglich Rechte wegen eines noch weiter sich erstreckenden Kontinentalschelfs beanspruchen. Bei 500 000 Inseln bliebe kaum freie Wasserfläche, und der Streit um die Grenzziehung hörte nie auf. Zur Vereinfachung schloss UNCLOS schon mal bestimmte Gebilde aus, indem sie ihnen den Inselstatus verweigerte. Der wird gemäß Artikel 121 (1) so definiert: »Eine Insel ist eine natürlich entstandene Landfläche, die vom Wasser umgeben ist und bei Flut über den Wasserspiegel hinausragt.« Und Artikel 121 (3) bestimmt: »Felsen, die für die menschliche Besiedlung nicht geeignet sind oder ein wirtschaftliches Eigenleben nicht zulassen, haben keine ausschließliche Wirtschaftszone und keinen Festlandsockel.« Immer wieder kommt es zu einseitigen Erklärungen, zu Streitigkeiten oder Verhandlungen, beispielsweise bei der Felsnadel Rockall im Nordostatlantik mit knapp 800 Quadratmetern Fläche oder bei dem vom Untergang bedrohten »Atoll« Okinotorishima, dessen Status als Inseln, die ein Atoll bilden, China seit einigen Jahren vehement bestreitet. Immerhin geht es um etwa 400 000 Quadratkilometer Seefläche, die Japan sonst für sich beanspruchen könnte.

Das macht deutlich, wie eine bloße Bezeichnung das Gebiet der hohen See empfindlich schmälern kann. Das hat vor allem mit der gewaltigen Ausdehnung der ausschließlichen Wirtschaftszone zu tun, die neben der klaren 200-Seemeilen-Grenze auch noch durch den schwer zu definierenden Bereich des Festlandsockels bestimmt werden kann.

Seerecht

Die politische Stunde der großen Ausweitung territorialer Grenzen in Richtung Meer schlug am 28. September 1945, als US-Präsident Harry S. Truman einseitig proklamierte, dass der Festlandsockel Bestandteil des US-Territoriums sei. Darauf reagierten 1947 Chile, Peru und Ecuador. Sie hatten zwar im geologischen Sinne keinen nennenswerten Festlandsockel, beanspruchten aber eine Zone von 200 Seemeilen als besonderes Hoheitsgebiet, da innerhalb dessen die bedeutenden Anchovisschwärme, die für die Landwirtschaft extrem wichtigen Guano-Inseln und der fischreiche Humboldtstrom liegen. Aus diesem Anspruch entwickelte sich die 1958 beschlossene Konvention über den Festlandsockel, nach der die ausschließliche Wirtschaftszone von einem Land offiziell beansprucht werden muss. Etwa ein gutes Drittel der gesamten Meerfläche wird von solchen Zonen eingenommen, die überflogen und von Schiffen frei durchfahren werden dürfen. Ihre Ressourcen, ob Wind, Strömung oder Rohstoffe, Nahrung wie Fische, Algen, der Seeboden und der Seeuntergrund, darf aber nur der jeweilige Staat nutzen.

Nicht extra beansprucht werden muss der Festlandsockel, aber seine Ausdehnung wurde schlammig, äh, schwammig festgelegt. Er beginnt außerhalb der Territorialgewässer und endet, a) wo die gleichmäßige Seetiefe (Isobath) 200 Meter unterschreitet und b) wo man mit gängiger Technik nicht mehr die Bodenschätze des Seebodens ausbeuten kann. Da inzwischen Tiefseebohrungen über 1000 Meter leicht erreichen, könnte es gemäß dieser Definition zu einer Aufteilung des gesamten Seebodens unter den Küstenstaaten kommen. Deshalb richtete man – klar – eine weitere Behörde ein, die Commission on the Limits of the Continental Shelf, die Kommission zur Begrenzung des Festlandsockels.

Arme hohe See! Ihr werden ja auch noch die Archipel-Wasserflächen eines Archipelstaates und dessen Zonen abgeknapst. Es bleibt immerhin noch eine erkleckliche Fläche, dazu »das Gebiet«, also der Meeresgrund und -boden, außerhalb aller Nationalansprüche als gemeinsames Erbe der Menschheit. Und der Seekrieg ist gemäß UNCLOS (Artikel 279) auch verboten. Wer sich daran hält? Und was machen die 45 von ungefähr 200 Staaten, die reine Binnenländer und ohne Seezugang sind? Dazu zählen unter anderem Afghanistan, Bolivien, Kirgistan, Laos, Luxemburg, Malawi, Nepal, Niger, Slowakei, Schweiz, Uganda, Ungarn, Usbekistan, Vatikanstaat und Simbabwe.

In gewisser Weise sind sie Opfer der Bemühungen um immer genauere Festlegung, um Abschaffung rechtsfreier Räume. Absolute Gerechtigkeit lässt sich auf, unter, über dem Meer nicht erreichen, nicht einmal absolutes Recht. Wie schrieb schon Cicero: »Summus ius, summa iniuria.« (»Das höchste Recht ist das höchste Unrecht.«) Wer streng nach den Buchstaben des Gesetzes urteilt, entscheidet nicht selten unmenschlich.

## Eine Inbesitznahme mittels Namen

Nehmen wir die kleine (18,8 Quadratkilometer), hübsche Wasserfläche im Golf von Triest, die Bucht von Piran heißt bzw. Savudrijska vala oder Piranski zaliv oder Piranksi zaljev oder Vallone di Pirano oder Largon / Golfo Largone. Teils historisch, teils politisch bedingt, wechselt der Name, wobei es manchmal nur Nuancen sind wie zwischen den Sprachen Kroatisch und Slowenisch, die einander näher sind als die Grenzen der Länder, die aus Jugoslawien entstanden. Die genannte Bucht teilt denn auch eine Grenze mitten entzwei.

Ihre vielen Bezeichnungen ließen sich übrigens wohl noch vermehren. Dies sind nur die auf Karten überlieferten. Im 16. und Anfang des 17. Jahrhunderts findet man die italienischen Namen »Largon / Golfo (di) Largone«, was auf Deutsch »Große Breite/Weite«

oder »Golf der großen Breite/Weite« heißt, die sich auf die fast quadratische Form der Meereseinbuchtung beziehen. Damals herrschten die Venezianer, und sie bestimmten den Namen bis Ende des 18. Jahrhunderts. Ab und zu findet man auf Karten auch »Valle di Sic(c)iole/Siziole« (für den inneren Teil der Bucht) oder »Porto delle Rose« sowie »Valle delle Rose«. 1806 benannte man die Meerfläche dann nach dem größten Städtchen an ihrer Küste »Rade di Pirano«, also »Reede von Piran«, dann »Vallone do/di Pirano« (»Bucht von Piran«). Mit der langsamen Änderung der politischen Machtverhältnisse nach dem Ersten Weltkrieg begann sich die slowenische Form des italienischen Namens »Piranski zaliv« durchzusetzen. In leichter Veränderung, »Piranksi zaljev«, findet man den Namen auf kroatischen Karten. Doch im 21. Jahrhundert führten Grenzstreitigkeiten, die Bucht betreffend, zu Versuchen einer weiteren Umbenennung durch die Kroaten, die damit ihre besonderen Rechte unterstreichen wollten. Kroatische Fischer erfanden 2002 den Namen »Savudrijska vala« (»Savudrija-Bucht«) nach dem Dorf Savudrija, den nationalistische Verleger, Journalisten, Politiker aufnahmen und verbreiteten. Der Grenz- entwickelte sich damit auch noch zu einem Namensstreit, wobei die Kroaten mit der neuen Form von international üblichen Regeln abwichen, die eine – möglichst auch historisch – eindeutige Identifizierbarkeit geografischer Bezeichnungen ermöglichen sollen, indem sie den lange Zeit üblichen Bezugspunkt, die Stadt Piran, nicht mehr verwendeten, sondern das Dorf Savudrija am Eingang der Bucht. Ob sich diese Neuerung durchsetzen, durchhalten lässt?

Wer schreibt, der bleibt. Das Koreanische,
das Japanische, das Ost- oder Friedens-, Freundschafts-,
Versöhnungsmeer ...

Die meisten Karten, offiziellen und allgemein zugänglichen Nach-
schlagewerke benutzen einfach die Bezeichnung »Japanische See«,
»Japanisches Meer«, »Sea of Japan«, die Japaner sowieso: »Nihon-
kai«. Hätten die Japaner in der Weltgegend einen besseren Ruf, wi-
dersetzte sich vielleicht nur Nordkorea dieser Benennung und würde
als notorischer Querulant belächelt. Doch auch Südkorea erhebt seit
Langem Einspruch gegen die Standardbezeichnung der Seefläche,
die spätestens seit 1929, als die IHO die Grenzen der Ozeane und Seen
international festlegte, offiziell anerkannt ist. Nur nicht von Korea.
Einerseits beruft man sich – in seltener Einigkeit – in Nord und Süd
darauf, dass »Japanische See« ältere Bezeichnungen ersetzte, andererseits, dass zu dem Zeitpunkt, als die Bezeichnung durchgesetzt
wurde, Korea gar nicht mitreden konnte, weil Japan das Land kurz
nach dem Russisch-Japanischen Krieg als Kolonie annektiert hatte.

Von außen wirkt der Streit faszinierend, weil er auf diploma-
tische und inoffizielle Weise geführt wird, dazu kluge Argumente
auf beiden Seiten zu finden sind. Die Macht der Gewohnheit, die Bedeutung der Verlässlichkeit und Eindeutigkeit führt Japan ins Feld.
Seit 100 Jahren gibt es den Namen, gegen den die beiden koreanischen Staaten erst seit ein paar Jahren kämpfen. Wo käme man hin,
so könnte man die Position vereinfacht wiedergeben, wenn ein oder
zwei Staaten gegen die geregelte Benennung, der alle anderen Staaten zugestimmt haben, erfolgreich vorgehen könnten? Sollte man
überall Doppelbenennungen einführen? Ein an sich guter Gedanke.
Aber widerstreitende Interessen müssen sich nicht auf zwei Gegner beschränken, es könnten leicht drei, vier oder mehr werden. Wo
bliebe dann die eindeutige Identifizierbarkeit? Entstünden nicht

teure und vielleicht gefährliche Missverständnisse? Durchaus denkbar, dass ein Frachter in die europäische Ostsee führe statt ins asiatische Ostmeer. Salopp gesagt: Das Fass sollte man lieber nicht aufmachen. Und ein irgendwie gearteter nationaler Anspruch sei mit dem Namen »Japanische See« nicht verbunden, es sei – eben ein Name. Sonst nichts. »Ostmeer« – das sei überhaupt eine nicht besonders klare Bezeichnung. Östlich von wo?

Die koreanische Seite erkennt die Probleme an, argumentiert allerdings ebenfalls bedenkenswert. »Ostmeer« habe im Verlauf der Jahrhunderte etwas jeweils anderes bedeutet. Im Chinesischen Reich, zu dem Korea oft gehörte, betrachtete man sich selbst als Nabel der Welt, rundherum befanden sich vier Meere, die Nord-, Ost-, Süd-, Westmeer genannt wurden. »Vier Meere« bedeutet bis heute im Chinesischen einfach »die ganze Welt«. So übernahmen es auch die Koreaner in ihre Sprache. Das Ostmeer in diesem Sinne erstreckte sich um Korea herum, nicht nur im Osten. In einem zweiten Schritt, als das Koreanische Reich mächtiger wurde, übertrug man das Konzept auf die koreanische Halbinsel, obwohl es da nicht so ganz passte. Jetzt war das Ostmeer (»Donghae«) das Meer östlich Koreas. In einem dritten Schritt wurde »Ostmeer« zu einem Eigennamen, den man in Korea auf keinen Fall durch »Japanische See« ersetzt sehen möchte. Japans aggressive Expansionspolitik nach dem Seesieg bei Tsushima über Russland im Jahr 1905 werde, so die offizielle Meinung, durch die nationale Namenswahl sanktioniert, während Korea als Opfer dieser Politik bis heute stimmlos bleibe. Deshalb schlug man versöhnliche Töne an und machte Vorschläge wie »Friedensmeer« und »Versöhnungsmeer«. Das lehnten die Japaner ab. UN-Stellen hielten sich aus dem Streit weitestgehend heraus, ermunterten die beiden Parteien aber dazu, eine Lösung zu finden.

Eine ungeheure Archivarbeit bleibt noch zu erwähnen. Japaner wie vor allem Südkoreaner ließen erst Dutzende, dann Hunderte,

schließlich Tausende Karten durchforsten, um historische Benennungen zu finden und statistisch auszuwerten. Ein hochlöblicher Weg. Besonders häufig fand man die Bezeichnungen »Ostsee« oder »Große See des unteren Ostens« sowie »See von Choson« – nach der lang herrschenden koreanischen Dynastie und ihrem Reich – und »See von Korea«. Das gilt für russische, chinesische, koreanische, »westliche« und selbst für japanische historische Karten. Japanische Diplomaten legten ihrerseits Auswertungen historischer Karten vor, auf denen »Japanische See« lang vor der imperialistischen Politik und durchaus häufig zu finden ist.

Bis heute haben sich die Parteien nicht geeinigt. Vor allem Südkorea, das den Status ja ändern möchte, versucht weiterhin mit politischen Mitteln und viel Öffentlichkeitsarbeit, die Bezeichnung »Ostmeer« durchzusetzen. Neben den internationalen Gremien bemüht man sich, auch Kartenverlage, Homepagebetreiber, Lexikonherausgeber, Reiseveranstalter und viele andere zu überzeugen, doch den Namen zu ändern oder wenigstens die Doppelbezeichnung einzuführen. Bei Erfolg sind japanische Proteste und Einflussversuche in entgegengesetzter Richtung garantiert. Wie der Streit, ob er überhaupt ausgehen wird? Die Antwort kennt nur der Seewind.

# Die Straße des Glücks
## oder Das ewige Auf und Ab

### Wellensalat oder Kaventsmann, Tsunami, kabbelige See, Dünung und weitere Wogennamen

Wer, auf bretonischen Felsen stehend, das anbrandende Meer sieht, erschrickt vor dem brüllenden, haushohen, tausendgestaltigen Wellen-Luft-Gemisch. Vielleicht fragt man sich auch: Warum in aller Welt wird dies Wasserdrama mit dem Feuerwort »Brandung« bezeichnet? Mich überzeugt mit seiner poetischen Antwort Friedrich Schiller (1759–1805), der in seiner Ballade *Der Taucher* schreibt:

> Und es wallet und siedet und brauset und zischt,
> Wie wenn Wasser mit Feuer sich mengt,
> Bis zum Himmel sprützet der dampfende Gischt,
> Und Well auf Well sich ohn Ende drängt,
> Und will sich nimmer erschöpfen und leeren,
> Als wollte das Meer noch ein Meer gebären.

Kann man es besser beschreiben, die Gewalt auf der Meer-, die erschrockene Ohnmachtsbewunderung auf der Menschenseite? Die Assoziation Feuer und Wasser bei den Wellen, die sich an Land brechen, ist alt. Im Lateinischen heißt die Brandung an der Küste

»aestus«, was auch »Glut« bedeutet. Das zischende Geräusch des sich auflösenden Schaums bringt einen fast zwangsläufig auf die Feuergedanken, und die Geräusche eines Großfeuers und einer gewaltigen Brandung ähneln sich ebenfalls. Im Niederländischen verglich man im hohen Mittelalter das an die Küste strebende Meer und brausende Wogen mit dem lodernden Flammen-Ineinander eines Brandes. »Branding« nannten die Holländer das, und so lebte es bald und lange im Niederdeutschen weiter. Seeleute verstanden darunter freilich vor allem riesige Wellen, die auch unter dem Namen »Weiße Hunde« bekannt waren. Erst im 18. Jahrhundert wanderte die Brandung ins Hochdeutsche ein und eben auch zu Schiller, der sie schon im modernen Sinne verwendete. Ein anderes, praktisch ausgestorbenes, aber schönes Wort dafür ist »Wogenprall«.

»Der Sturm ist da, die wilden Meere hupfen / an Land, um dicke Dämme zu zerdrücken«, so launig beschrieb Jakob van Hoddis (1887–1942) das *Weltende*, das häufig mit einem Angriff des Meeres auf das Land und verderblichen Überschwemmungen verbunden wird. Dass die übertrieben wirkenden Monsterwellen, die Künstler seit Jahrhunderten auf Sintflut- oder Apokalypse-Bildern malten, schreckliche Realität werden können, weiß man lange schon im pazifischen Raum, wo der Begriff »Tsunami« entstand und das Phänomen besonders häufig und drastisch vorkommt. »Welle im Hafen« lässt sich das Wort übersetzen. Japanische Fischer sollen es geprägt haben, die bei ihrer Rückkehr von See unerklärlicherweise durch Wellen verwüstete Häfen vorfanden, zerstört von einem Tsunami, der erst beim Auftreffen auf Land sich bemerkbar gemacht hatte; und wie fürchterlich! Die Wassermassen türmen sich auf und fluten – wie bei den letzten und besonders vernichtenden Erdbebenwellen in den Jahren 2004 und 2011 – teils kilometerweit ins Binnenland: Hunderttausende Menschen in den Tod reißend, Städte, Fabriken, Überlandleitungen zerstörend und Kühlsysteme samt Notstromversorgung. Das erwies sich als verderblich für die Atomanlage Fukushima, die dem Tsunami selbst und dem schweren Erdbeben standgehalten hatte.

Obwohl die durch Wind hervorgerufenen Wellen deutlich langsamer durch die Meere eilen – mit bis zu 100 statt bis zu 800 Kilometern pro Stunde – und weit weniger Masse, Energie, Zerstörungskraft entwickeln, zertrümmern sie bei Gelegenheit doch immer noch moderne Schiffe aus Stahl, setzen sie Verformungsenergien bis zum Brechen des Rumpfs aus, lassen sie direkt kentern oder bringen sie so ins Rollen, dass sie sich nicht mehr halten können und untergehen. Die Wissenschaft wies in den letzten 20 Jahren nach, dass es sich bei Monsterwellen mit 20, 30 Metern Höhe und mehr um tatsächliche und gar nicht so seltene Phänomene handelt, die nicht mehr als Seemannsgarn abgetan werden können. Vorher galten Wellenriesen wie »Die drei Schwestern«, die »Weiße Wand« oder der »Kaventsmann« vor allem als Stoff für Kajütengeschichten, Romane und Filme. Dass die Drei Schwestern, riesige Wellen, die kurz hintereinander kommen und somit schmale Wellentäler aufweisen, auch mal zu zweit oder zu fünft auftreten, macht sie noch tückischer. Dass die Weiße Wand, eine sehr hohe Wellenfront, von deren Kamm Wasser wie ein Vorhang herabfällt, bis zu zehn Kilometer breit sein kann, macht ein Entkommen noch schwieriger. Dass ein Kaventsmann als Monsterwelle nicht der Seegangsrichtung folgt, macht ihn noch unberechenbarer. Sein Name kommt übrigens von einem Bürger und Bürgen her. Der hieß früher – erst im Niederländischen, dann im Niederdeutschen – eben »Kaventsmann«. Das kam vom lateinischen Wort »cavens«, was man mit »Beistand leistend« übersetzen kann. Bürgen konnten natürlich nur wohlhabende Leute sein, denen der Wohlstand oft ziemliche Beleibtheit erlaubte. So ergab sich für »Kaventsmann« bald die Bedeutung »reicher Mann«, dann – zuerst sicher scherzhaft verwendet – »dicker Mann« und schließlich

»Prachtstück«. Ein Prachtstück von Welle im erschreckenden Sinne des Extrems ist der Kaventsmann der Meere auf alle Fälle.

Nicht ganz so alt ist der Ausdruck »Rasmus« für die kochende, stürmische, sich mit hohen Wellen aufs Schiff stürzende See. Vor gut 150 Jahren taucht er auf und leuchtete offensichtlich vielen ein, sodass noch heute Segler ohne rituelles Trankopfer an Rasmus nicht auslaufen oder anspruchsvolle Manöver ausführen; inzwischen augenzwinkernd und die Gelegenheit zum Selbsttrinken nutzend. Zum Namen kam es wohl über den heiligen Erasmus, der als einer der vierzehn Nothelfer unter anderem für die Seeleute zuständig war. Ihn »Rasmus« abzukürzen erscheint verständlich, verbinden sich hier doch vorsichtige Vertrautheit und kämpferischer Respekt, die auch allerlei Sprüche ausdrücken: »Hüüt spält Rasmus goot up« (»Heute spielt Rasmus gut auf«), »Rasmus kümmt oewer, wenn he nicks mihr to fräten hett« (»Rasmus kommt über, wenn er nichts mehr zu fressen hat«) und »Hüüt drück Rasmus woll männigen braven Seemann de Ogen to« (»Heute drückt Rasmus wohl manchem mutigen Seemann die Augen zu«).

Das konnte leicht geschehen, wenn Sturzseen, besonders schlimm von achtern oder gar als Kreuzseen, über das Schiff als Brecher liefen, als »Seeschlag« oder »Grünes Wasser«. Sie drückten durch ihr schieres Gewicht das Fahrzeug tiefer ins Wasser, sie nutzten jede unachtsam geschlossene Luke, um in es einzudringen, sie »fegten das Deck rein«, wie Seeleute mit Humor formulierten, indem sie alles Nichtfixierte mitrissen. Auch deshalb mussten Seemannshände der Segelschiffzeit Stahlklammerkraft besitzen, wie ein altes Sprichwort betont: »Fieffinger, dat is 'n Bootshake, seggen de Schippers/Schipslüd.« (»Fünffinger [eine Hand], das ist ein Bootshaken, sagen die Schiffer/Schiffsleute.«)

Wie angenehm, wenn nur noch mittelschwere See sich bei nachlassendem Wind einstellt und die Wogen hoch und lang das

Schiff durchaus kraftvoll, aber nicht mehr gefährlich wiegen. Das Wort »Welle« selbst bezeichnete ursprünglich diese Wasserwesen. Im Althochdeutschen hieß »wella« »stürmische Woge«, und erst seit 1500 bei der Ausbreitung aus dem hochdeutschen Süden in den niederdeutschen Norden, wo es die gebräuchliche Bezeichnung »Woge« bis ins 19. Jahrhundert schließlich weitgehend ersetzte, wurde »Welle« zu einem sehr allgemeinen Begriff. Mit »wühlen« ist das Wort verwandt und sogar mit »Wall«, der aus dem lateinischen Wort »vallum« entsteht.

Noch friedlicher anzusehen ist die brabbelnde See, wenngleich die Wellen immer noch die Fahrt deutlich behindern können. Das nennt sich auch »Dünung«, eigentlich oft durchaus kräftiger Seegang trotz Windstille vor und nach Stürmen. Darunter gibt es die kabbelige See, und jeder Norddeutsche weiß, dass man mit »kabbeln« »streiten«, »zanken« meint. Kurze, hart gegeneinanderlaufende Wellen bezeichnet man damit.

Sollte man nicht nur noch nach der offiziellen und international gebräuchlichen Seegangsskala gehen, die seit 1939 gilt? Sie reicht von 0 = »glatte See, keine Wellen« über 5 = »grobe See, große Wellen, Schaumkämme bilden größere Schaumflächen« bis zu 9 = »außergewöhnlich schwere See, Wellenberge, Schiffe verschwinden in Wellentälern, See weiß von Schaum«. Dann freilich gerieten sehr hübsche Wellenbezeichnungen in Vergessenheit und ihre überraschenden Wurzeln. Oder hätten Sie gedacht, dass »Gischt« mit »Hefe« verwandt ist? Vielleicht erinnern Sie sich an das englische Wort für das Treibmittel beim Backen? »Yeast«. Es kommt aus derselben germanischen und sogar indoeuropäischen Wurzel für »Schaum« und »Hefe«. Seit ungefähr 1000 Jahren gibt es »gest« und »jest« bei uns und den Niederländern, aus dem sich bis ins 17. Jahrhundert dann »Gischt« entwickelte, das aber erst weitere 100 Jahre später allein für die Schaumköpfe der Wellen verwendet wurde.

Noch netter klingen lautmalerische und tierische Vergleiche der spielenden Meere, des niedlichen Seegangs. Da gibt es »Ripsraps«, zusammenschlagende, kleine Wellen, oder »Katzenpfoten«, erste Kräuselwellen der See, die der Wind ein klitzekleines bisschen aufraut, und schließlich kindlich rührende Ausdrücke wie »die See wirft Lämmchen« und »nu kamen de witten Schaap to sehn« (»nun waren die weißen Schafe zu sehen«) für weiße Schaumstreifen in leichter See.

Was bleibt? Die spiegelglatte, die windstill flache See, die friedliche. Wie hochwillkommen ist sie nach Stürmen! Seit der Antike nannte man sie unter Schiffsleuten »halkyonische Tage«. Warum? Das erzählt ein alter Mythos aus Griechenland.

## Zwei Eisvögel, die Tölpel waren oder Ein Taucher und ein Eisvogel

Ein verliebtes Paar, das unentwegt turtelte und stolz auf seine Liebe jedes Maß vergaß, das sollen die Tochter des Windgottes Aiolos, Alkyone mit Namen, und Keyx, König von Trachis, gewesen sein. Unsterblich schien ihnen ihre Liebe, und darum konnten sie sich doch gleich, wie sie fanden, mit den Namen der Unsterblichen ansprechen. »Hera, sei so gut, gib mir die Weinamphore da rüber!«, sülzte Keyx. »Aber liebend gern, mein süßer Zeus!«, säuselte wie der süße Zephyr seine Gattin Alkyone. Dumm nur, dass Obergott Zeus Wind von der Sache bekam und gleich auch stellvertretend für sein Eheweib Hera keinen Spaß verstand. Er verwandelte die eingebildeten Tölpel in Vögel, Alkyone in einen Eisvogel und Keyx in eine Möwe oder einen Tölpel oder einen nicht näher bezeichneten Taucher, jedenfalls war Schluss mit den göttlichen Kosenamen.

Viel anrührender erzählt Ovid im elften Buch seiner *Metamor-*

*phosen* die Geschichte, viel schöner schmückt er sie aus, voller entzückender Details. Die Liebenden bleiben sich hier nur im Namen gleich und in der Stärke der Liebe, ohne jedoch in Hybris anmaßender Namenswahl zu verfallen. Vielmehr sorgen sie sich umeinander sehr. Als Keyx eine Fahrt zum Orakel nach Klaros unternimmt, bittet Alkyone ihn, entweder über Land zu reisen oder sie auf dem Schiff mitzunehmen, als Tochter des Windgottes wisse sie allzu gut um die Gefahren auf See. Keyx gewährt ihr weder das eine noch das andere, verspricht ihr aber, binnen zwei Monden zu ihr zurückzukehren. Es kommt, wie es kommen muss, Stürme überfallen das Schiff, zerstören es und lassen alle an Bord umkommen. Des Keyx' letzte Worte gelten der Geliebten daheim. Die weiß nichts vom Unglück und webt an schöner Kleidung, die bald den Heimkehrenden schmücken und erfreuen soll, für dessen gute Fahrt sie täglich betet. Das schmerzt die Göttermutter Juno, und sie schickt in Gestalt des Toten ihren Boten Morpheus, Alkyone vom Untergang des Schiffes und vom Ertrinken zu berichten. Am Morgen geht Alkyone ungläubig und unglücklich zum Strand, wo sie von fern den Leichnam eines Ertrunkenen sieht. Und sie eilt nicht, sie fliegt, plötzlich in einen Eisvogel verwandelt, zu ihm, zu Keyx, dem ihre verzweifelten Schnabelküsse gelten. Da erbarmen sich die Götter und verwandeln auch ihn in einen Eisvogel, und das Paar führt seine Ehe treu und glücklich fort. »Sie paaren sich, werden Eltern, und an sieben windstillen Tagen zur Winterszeit brütet Alkyone in ihrem Nest über der Flut. Dann liegt das Meer ganz still, denn über die Winde wacht Aiolos, lässt sie nicht fort und schafft seinen Enkeln ruhige See.« (Vers 744–748)

Bei Hyginus im 2. Jahrhundert nach Christus heißt es über die Eisvögel, die nach der Aiolos-Tochter Halcyonen genannt werden: »Das sind Vögel, die ihr Nest, ihre Eier und Jungen im Meer unterbringen, alles zur Winterzeit in sieben Tagen; das Meer ist dann ruhig und die Schiffer sprechen von alkyonischen Tagen.« Im Mittel-

Alkyone und Keyx und Zeus (sauer!)

meer der Antike galt das für Tage im sonst stürmischen Dezember. In anderen abendländischen Sprachen wurde eine Redensart daraus, sodass man mit »halkyonischen Tagen« eine Zeit der geschützten Ruhe, des Friedens bezeichnet, oft nach und vor Stürmen.

Ich stelle mir bei halkyonischen Tagen zwei Eisvögel auf der »Straße des Glücks« vor, das ist die Lichtbahn der untergehenden Sonne oder des tief stehenden Mondes auf dem Meer, die von Kräuselwellen weiß durchzogen ist.

## Kommen und Gehen
## oder Die Gezeitennamen

Tide Hub? Das könnte der Name einer Frau sein. Ebbe und Flut wären dann vielleicht ihre Geschwister. Und die Gezeiten die Eltern. Im Ernst. Bewegend, dieses rhythmische Kommen und Gehen des Meeres, an manchen Orten haushoch, an anderen nur sanft zu spüren. Ich fühle mich einerseits ganz daheim, wenn ich lange am Strand bin und zu spüren glaube, das Meer atme wie ich und mit mir, nur eben gezeitenhaft viel, viel langsamer. Dann wieder befällt mich Unbehagen, und ich denke an die Kraft der rückflutenden Ebbe, die meinen Bruder in den Tod riss, die mich beinahe im Pazifik genauso sterben ließ. Aber ich habe einen unfassbar wertvollen Aufschub bekommen, und ich bemerke überall seitdem Ebbe und Flut. Nicht unbedingt rhythmisch ausgeglichen, doch immer dieses gegensätzlich zusammengehörende Paar. Es schwillt und brandet an, es schwindet und zieht sich zurück. Im Beruf, im Verkehr, im Gespräch, im Wechsel von Schlafen und Wachen, Aufmerksamkeit und Dösen, Anspannung und Entspannung, Kommen und Gehen.

Jetzt bin ich, vielleicht merken Sie es am leicht melancholischen Ton, am Ende des Buches angelangt. Das noch folgende letzte

Kapitel hat sich im Lauf der Monate fast wie von selbst gebildet. Zeit für letzte Worte also, wenn Sie erlauben.

Die Aufregung, das Kämpfen, die Lust und die Last der Recherche, alles beginnt sich zu relativieren. Ich bemerke, wie ich aus der Flut der Fakten Wundervolles fangen konnte, viel, viel mehr dagegen ungefasst zurückströmt in den sehr poetisch und richtig benannten Wissensozean. Ich weiß, dass ich die mir wichtigsten Meernamen bergen, meine liebsten Meergeschichten erzählen konnte, dazu eine Menge mehr, auf die ich teils forschend, teils wie ein spielendes Kind gestoßen bin, das sich in seiner Tätigkeit selig verliert. Und wie damals, wenn mein Vater zum Essen rief, wache ich auf, seltsam beglückt und unzufrieden zugleich. Ich weiß, dass mir etwas gelungen ist, und auch, dass mir etwas misslungen ist. Aber jetzt ist es Zeit. Und die Zeit heißt im Niederdeutschen »tîd«, die Flutzeit allein ursprünglich »getîde«. Daraus entstanden die Tide, der Tidenhub, also der Unterschied zwischen Hoch- und Niedrigwasser, die Gezeiten – diese als Wort erst im 16. Jahrhundert –, und alles hängt mit der Zeit zusammen, da es regelmäßige, das Kontinuum einteilend unterbrechende Phänomene sind.

Manchmal wünsche ich mir, dass es im Schreiben ähnlich rhythmisch schwingend zuginge, aber auch nach vielen Büchern stellen sich bei mir Ebbe und Flut des Schaffens unvermutet ein. Springflutphasen am Schreibtisch liebe ich. Im Meer entstehen sie, wenn die Sonne die Mondanziehungskräfte verstärkt, schwächt die Sonne sie, entsteht die gleichsam am Strand nur nippende Nipptide. Die Ebbezeiten an meinem Schreibtisch dagegen ermüden und laugen mich aus, wenn alles zu weichen scheint, ich auf dem Trockenen sitze, das Ohnmachtsgefühl sich breitmacht. Schlimmer noch sind – wie ich es viele Monate lang bei der Arbeit an diesem Buch erlebte – die Un-Zeiten, ein beklemmender Stillstand, ein Herausfallen aus der Zeit, der Sicherheit, dem Gewohnten, lähmend, untergrabend, katas-

Mal Ebbe, mal Flut ...

trophal. Man verliert den Boden unter den Füßen, die Orientierung, das Gefühl für sich selbst und die anderen und die Zeit, man spürt jede Verantwortung und Schuld besonders stark. Hier ist nicht der Ort, meine Un-Zeit zu beschreiben, aber die meisten von Ihnen werden so etwas, leider, kennen.

Wenn man wie ich vor ein paar Wochen auftaucht aus bedrohlich übermächtigen Krisenwogen, erscheint vieles unwirklich, dann gesteigert. Ähnlich dem Moment nach meiner Rettung damals aus dem Pazifik durch Ira und Ethan, zwei Surfer, denen ich immer danken werde, taumle ich ungläubig weiter, weil ich doch noch lebe. Es ist nicht alles wieder gut, aber die Lähmung endet, es stellen sich Ebbe und Flut wieder ein und damit Bewegung. Beide alten Wörter sind mir kindheitsvertraut von der Nordsee her, die Flut, die im Althochdeutschen noch »fluot« hieß, »überströmendes Wasser« bezeichnete und erst im 15. Jahrhundert zum Gegenwort im Gezeitenpaar wurde, Ebbe, die mit »ab« und vielleicht »aber« zusammenhängt, im Hochdeutschen bis ins 16. Jahrhundert »Abflut, Ablauf« genannt wurde, wohl einen Gegenstrom erst bezeichnete, ein Weg- und Zurückfluten.

Vielleicht empfinden Sie, liebe Leserin, lieber Leser, das Gezeitengefühl gerade auch so stark wie ich. Die Flut hat ihre Kraft erschöpft. Ein Innehalten setzt ein. Ein langsames Ändern der Richtung, verwirbelnd, der Umschlag wird spürbar. Klingt Ihnen das zu poetisch? Ich hoffe nicht, denn es geht ja noch viel poetischer, wie Sie gleich lesen können, zu Ende. Ein hoffentlich angenehmes Verströmen in Meernamen und Meeranreden der Dichter. Lassen Sie sich davontragen und leben Sie wohl!

# Kosenamen, Spottausdrücke, Flüche oder Seepoesie

»Ursprung der Götter«, »Erzeuger aller Dinge«
Homer, *Ilias*

»Ozean ... unvergänglicher Vater, immer seiend, Ursprung der Unsterblichen und Sterblichen, der seine Wellen rundherum sendet um den äußersten Kreis der Erde.«
*Orphische Hymne*, vor 4. Jahrhundert v. Chr.

»Walweg/Walstraße«
Isländischer und altenglischer Ausdruck für die See

»Du glorioser Spiegel, in dem des Allmächtigen Gestalt / Sich bespiegelt im Sturm; zu jeder Zeit, – / Ruhig oder zerwühlt, in Brise, Böe oder Sturm, / den Pol vereisend oder in tropischem Klima / dunkel wogend – grenzenlos, endlos und erhaben, / Das Abbild der Ewigkeit, der Thron / Des Unsichtbaren; selbst aus deinem Schleim / Sind die Monstren der Tiefe gemacht; alle Zonen / Gehorchen dir; du bestehst fort, schrecklich, unergründlich, / Allein.«
George Gordon Noel Byron, »Childe Harold's Pilgramage«, *Cantos 4*, Nr. 183, Übersetzung R-B E

»Sei mir gegrüßt, du ewiges Meer! / Wie Sprache der Heimat rauscht
mir dein Wasser, / Wie Träume der Kindheit seh ich es flimmern /
Auf deinem wogenden Wellengebiet«
Heinrich Heine, »Meergruß«. *Buch der Lieder, Nordsee,* Zweiter Zyklus, 1827

»Unermesslich und unendlich, / Glänzend, ruhig, ahnungsschwer, /
Liegst du vor mir ausgebreitet, / Altes, heil'ges, ew'ges Meer!«
Anastasius Grün, »Begrüßung des Meeres«, 1837, *Sämtliche Gedichte II,*
1907

»O Meer ... O finsteres Meer, ... O du, des schwärzlichen Meergottes
farb'ger Sohn, Purpur ... O Weltmeer ... uraltes Meer«
Ferdinand Freiligrath, »An das Meer«. *Gedichte,* 1838

»Ich, die Mutter mild«
Roden Noel, »Sea Slumber-Song«, in: Edward Elgar, *Sea Pictures*

»Du bist mir Freund geworden, / des trag ich Freud genug; /
es rauscht in Sturmakkorden, / o Meer, dein Atemzug.«
Clara Müller-Jahnke, »Am Meer«. *Sturmlieder vom Meer,* 1901

»... die See, als diese Dame / von Größe und Glanz: / ›Schiffe, Städte
Zerschmetternde‹ / in prachtvollem Hermelin und Leoparden-
fell / mit Seufzern im Kielwasser // Kulturen Zerschmetternde,
Pantheons, / der Griechenland oder Rom nur ein paar weiße gereihte
Brecher sind, / aufgelöst mit einem Schweigen, in Luft, /
dann marmorne Muster auf sanfterer Welle ...«
Louis Dudek, in: *Für die mit der Sehnsucht*

»Es gibt Tage, da ist die Ostsee ein stilles endloses Dach.«
Tomas Tranströmer, *Gedichte,* 1981

»Fräulein Ozean«
John Ashbery, in: *Für die mit der Sehnsucht*

»Diese unermessliche Frühe Meer geheißen –
Auslese von / Fittichen und Erhebung von Waffen«
Saint-John Perse, in: *Für die mit der Sehnsucht*

»See, See, sonnigste See«
Arno Holz, in: *Für die mit der Sehnsucht*

»Einziges weißgefiedertes Blau«
Giorgos Seferis, in: *Für die mit der Sehnsucht*

»Einst Markt hochnäsig beflügelter Klipper; Atlantik«
Robert Lowell, in: *Für die mit der Sehnsucht*

»Wogenschaukel«, »Gebärmutter-Element«
D. H. Lawrence, in: *Für die mit der Sehnsucht*

»La Machine océan«
Jean-François Minster, 1999

»Sag nicht Meer – es wird dich nur besprühen / ohne Illusionen!«
Katica Kjulavkova, in: *Für die mit der Sehnsucht*

»Reineres Sein«
Axel Sanjosé, in: *Für die mit der Sehnsucht*

»Blaues tieftiefes Blau«
Oktay Rifat, in: *Für die mit der Sehnsucht*

# Dank oder Die Meere des Gefühls

In Frank Jacobs' schönem Buch *Seltsame Karten. Ein Atlas kartographischer Kuriositäten* fand ich die *Carte de Tendre* aus dem Frankreich des 17. Jahrhunderts. Sie wirkt auf den ersten Blick sehr historisch, das Dargestellte ist es nicht. Das Land Tendre gibt es noch heute, selbst wenn wir es anders auffassen als das Zeitalter Madeleine de Scudérys, in dem die höchste Kultiviertheit sich erwies im Kult hochgestimmter Gefühligkeit und in der zärtlichen Zuneigung vieler Freundschaften.

Das auf der Karte im Westen gezeigte Mer d'Inimitié, das Meer der Feindschaft, kennen sicher viele von uns, ebenso La Mer Dangereuse, das Gefährliche Meer, in das der Fluss Inclination, Zuneigung, mündet. Man muss nicht an Filme wie *Eine verhängnisvolle Affäre* denken, um zu wissen, wie leicht selbst ganz anders gemeinte Zuneigung in unbekannte und gefährliche Gewässer verschlagen kann. Vielleicht müssten die der Inclination zuströmenden Seitenarme Estime, Wertschätzung, und Reconnaissance, Dankbarkeit, mehr Gefühlsfluten führen?

Diese beiden schätze ich sehr, und so befahre ich sie zum Ende hin kurz, um so freundlichen wie rasch und ausführlich helfenden Freunden zu danken, deren Kompetenz ich darüber hinaus besonders hoch achte. Barbara Dicker und Hans Kurz öffneten willig die Schleusen ihrer Beredsamkeit und Kenntnisse in Fragen des Chinesischen, Englischen, Spanischen und boten mir Trost und Rat in vielen anderen Bereichen, die weit über dies Buch hinausreichen. Michael Lobe und Stefan Weidner ließen bereitwillig lateinische und arabische Erkenntnisse mir zufließen. Als höchst aufmerksame Lotsin erwies sich Claudia Jürgens, die mit ihren so wunderbar genauen Lotungen und Musterungen manche Untiefen im Text, allerlei Fehlkartierungen und Unachtsamkeitsriffe aufspürte, wobei der zuweilen immer noch sehr eigenwillige Kurs und alle noch vorhandenen Ärgernisse in diesem Meerbuch natürlich nur mir zuzuschreiben sind. Fehlt noch eine Reihe von Dankeswellen für Katja Scholtz vom mareverlag, die mit mir ein zweites Buch wagen wollte, zwei Ideen zwar ablehnte, aber immer wieder mit Fragen anbrandete, ob mir nicht doch etwas ganz Besonderes einfalle. Der geheimnisvolle Name »Tor der Tränen« war es schließlich, der in einem Gespräch vor drei Jahren Aufbruchstimmung aufschäumen ließ und nur drei Tage später zu einem Exposé führte. Inzwischen weiß ich, wie leichtfertig ich darin vieles versprach, was mir zu entdecken selbst nach vielen Fahrten und Surfstunden unmöglich blieb.

Ich nehme, wird es zu arg mit den Zweifeln, der Unzufriedenheit, Zuflucht zum Lac d'Indiference, der erstaunlich groß, fast wie ein Binnenmeer, im Osten des Landes Tendre ein Queroval bildet. An seinen Ufern eine lange Weile zu ruhen, tut gut. Man muss kein Buddhist, kein Psychotherapeut sein, um zu wissen, dass nach Anstrengungen, Krisen, Begeisterungsstürmen das Neutrale, Indifferente, Bewertungsfreie, Unaufgeregte, Stille nützlich und sinnvoll ist.

Meinem seeliebenden Vater ist noch zu danken, meiner Mutter, die so oft mit uns am Meer war, meinen beiden Agenten Uwe-Michael Gutzschhahn und Ulrich Pöppl, die vor vielen Jahren mich auf den Erfolgskurs mit den Redensarten und zu viel Butter bei die Fische brachten, all den Menschen nicht zuletzt, die ausgezeichnete

234

Karten, Quellen, Daten dem weltweiten elektronischen Wissens-
meer anvertrauen!

Und wie sehr viel fehlte dem Buch an frischem Wind, gewährte
mir nicht erneut, passattreu und heiter vorwärtstreibend, Papans
herzensklug gewitzte Kunst Rückenwind der schönsten Art!

Sie merken es, auf dem Meer der Zuneigung fühle ich mich fast
zu wohl und könnte noch ewig so gerührt und geschüttelt von all
diesen mich tragenden menschlichen Elementen weiterschippern.
Da wende ich denn dann doch lieber meinen Bug und fahre heim
und ein in den Hafen, der mich birgt und schützt und mit Liebe auf-
nimmt, zu meiner Frau, mit der zusammen ich tief beglückt blicke
und noch lange blicken möchte: auf all die Meere, auf all die Namen,
auf all die Jahre.

# Literaturverzeichnis

Christoph Adelung, *Grammatisch-kritisches Wörterbuch der Hoch-deutschen Mundart.* Leipzig: Breitkopf 1793–1801

Holger Afflerbach, *Das entfesselte Meer.* Die Geschichte des Atlantik. München: Malik 2001

Charles L. G. Anderson, *Life and Letters of Vasco Núñez de Balboa.* Westport, Conn.: Greenwood Press 1970

*Andrees Allgemeiner Handatlas.* 4. Auflage. Hg. v. Albert Scobel. Bielefeld/Leipzig: Velhagen & Klasing 1899

Leo Bagrow, *History of Cartography.* 2nd Edition. Revised and enlarged by R. A. Skelton. Chicago, Ill.: Precedent Pub. 1985

Dietmar Bartz, *Seemannssprache. Von Tampen, Pütz und Wanten.* Bielefeld: Delius Klasing 2007

Friedrich Heinrich Theodor Bischoff / Johann H. Möller, *Vergleichendes Wörterbuch der alten, mittleren und neuen Geographie.* Gotha: Becher 1829

Clemens Brentano, *Die Mährchen vom Rhein.* Hg. v. Brigitte Schillbach. Sämtliche Werke und Briefe (HKA), Bd. 17. Stuttgart: Kohlhammer 1983

*Brockhaus Enzyklopädie in zwanzig Bänden.* Wiesbaden: F. A. Brockhaus 1966–1974

Viktor Burr, *Nostrum mare. Ursprung und Geschichte der Namen des Mittelmeeres und seiner Teilmeere im Altertum.* Stuttgart: Kohlhammer 1932 (= Würzburger Studien zur Altertumswissenschaft, 4. Heft)

Samuel Taylor Coleridge, *Rime of the Ancient Mariner.* In: *Lyrical Ballads,* Vol. I. London: Arch 1800

Barry Cunliffe, *Facing the Ocean. The Atlantic and it's Peoples 8.000 B.C.–
1.500 A.D.* Oxford: Oxford University Press 2004

*Die Edda, die ältere und jüngere nebst den mythischen Erzählungen
der Skalda.* Übersetzt und mit Erläuterungen begleitet von Karl
Simrock. Sechste verbeßerte Auflage. Stuttgart: J.G.Cotta'sche
Buchhandlung 1876

Johann Jacob Egli, *Nomina geographica. Versuch einer allgemeinen
geographischen Onomatologie.* Leipzig: Brandstetter 1880

*Etymologisches Wörterbuch des Deutschen.* Erarbeitet unter der Leitung
von Wolfgang Pfeifer. München: dtv 2005

Albert Forbiger, *Handbuch der alten Geographie. Aus den Quellen
bearbeitet.* 2. Auflage. Leipzig 1843 (Unveränderter Nachdruck:
Graz: Akademische Druck- und Verlags-Anstalt 1966)

Georg Forster, *Reise um die Welt.* In: Werke, Bd. 1. Hg. v. Gerhard Steiner.
Frankfurt a. M. 1972

Ferdinand Freiligrath, *Der alte Matrose.* Nach dem Englischen von
Coleridge. München: Joseph Müller 1925

Stefan George, *Dante. Göttliche Komödie.* In: Gesamt-Ausgabe der
Werke. Band X/XI. Berlin: Georg Bondi 1932

Klaus Geus, *Eratosthenes von Kyrene. Studien zur hellenistischen
Kultur- und Wissenschaftsgeschichte.* München 2002 (Unveränderter
Nachdruck: Oberhaid: Utopica 2011)

Benjamin Hederich, *Gründliches mythologisches Lexicon...* Ansehnlich
vermehret und verbessert von Johann Joachim Schwabe. 2. Auflage.
Leipzig: Gleditschens Handlung 1770

Christian Hoffmann von Hoffmannswaldau, *Herrn von Hoffmannswaldau und anderer Deutschen auserlesene und bißher ungedruckte
Gedichte.* Erster Teil. Hg. v. Benjamin Neukirch. Leipzig: Thomas
Fritsch 1695
http://digital.ub.uni-duesseldorf.de/ihd/content/titleinfo/292576

Martin T. Houtsma et al. (Hg.), *Enzyklopädie des Islam.* Leiden: Brill
1913–1938

International Hydrographic Organization, *Limits of Oceans and Seas.*
3. Auflage. Monte Carlo: IHO 1953
http://www.iho.int/iho_pubs/standard/S-23/S23_1953.pdf

Frank Jacobs, *Seltsame Karten. Ein Atlas kartographischer Kuriositäten.* Übersetzt von Matthias Müller. München: Liebeskind 2012

Hugo Kastner, *Von Aachen bis Zypern. Geografische Namen und ihre Herkunft.* Baden-Baden: Humboldt 2007

Charles King, *The Black Sea. A History.* Oxford: Oxford University Press 2006

Drago Kladnik / Primož Pipan, *The Bay of Piran (Piranski zaliv): An example of political controversy in geographical names as an expression of cultural relations.* In: *Geographic Names as a Part of the Cultural Heritage.* Edited by Peter Jordan et al. Wien: Institut für Geographie und Regionalforschung der Universität Wien, Kartographie und Geoinformation 2009 (= Wiener Schriften zur Geographie und Kartographie, Bd. 18)

Gerhard Kortum, *»Alexander von Humboldt« als Name für Forschungsschiffe vor dem Hintergrund seiner meereskundlichen Arbeiten.* In: *Humboldt im Netz,* III, 5 (2002)

Olaus Magnus, *Die Wunder des Nordens.* Erschlossen von Elena Balzamo und Reinhard Kaiser. Frankfurt a. M.: Eichborn 2006

*The Mahabharat of Krishna-Dwaipayana Vyasa.* Translated into English prose from the original Sanskrit Text by Pratap Chandra Roy. Published by Dhirendra Nath Bose. 2nd. Edition. Vol. I. Calcutta: Adi Parva 1965 http://www.holybooks.com/wp-content/uploads/Mahabharata-VOL-1.pdf)

Peter C. Mancall, *Fatal Journey. The Final Expedition of Henry Hudson. A Tale of Munity and Murder in the Arctic.* New York: Basic Books 2009

Alexander Marboe / Andreas Obenaus (Hg.), *Seefahrt und frühe europäische Expansion.* Wien: Mandelbaum 2009

Matthew Fontaine Maury, *The Physical Geography of the Sea.* New York: Harper 1855

Matthias Meyn / Manfred Mimler / Anneli Partenheimer-Bein / Eberhard Schmitt (Hg.), *Die großen Entdeckungen.* München: Beck 1984

Rainer Moritz, *Und das Meer singt sein Lied.* Hamburg: mare 2004, 2012

Érik Orsenna, *Lob des Golfstroms.* Übersetzt von Annette Lallemand. München: Beck 2006

Ovid, *Metamorphosen*. Hg. und übersetzt von Gerhard Fink. Düsseldorf/Zürich: Artemis und Winkler 2004

Antonio Pigafetta, *Mit Magellan um die Erde*. Ein Augenzeugenbericht der ersten Weltumsegelung 1519–1522, Wiesbaden: Edition Erdmann 2009

Martin Przybilski, *Kulturtransfer zwischen Juden und Christen in der deutschen Literatur des Mittelalters*. Berlin/New York: de Gruyter 2010

Konrad Reich / Martin Pagel, *Himmelsbesen über weißen Hunden. Wörter und Redensarten, Geschichten und Anekdoten. Ein Lesebuch für Halbmänner und erwachsene Leute, die sich vom Schiffsvolk und dem Seewesen deutlichere Begriffe verschaffen wollen, neu ins Gespräch gebracht und erkläret*. 4. Auflage. Berlin: Transpress 1988

James S. Romm, *The Edges of the Earth in Ancient Thought. Geography, Exploration, and Fiction*. Princeton: Princeton University Press 1992

Joachim Sartorius (Hg.), *Für die mit der Sehnsucht nach dem Meer*. Gedichte. Hamburg: mare 2008

Friedrich Schiller, *Gedichte*. Hg. v. Norbert Oellers. Stuttgart: Reclam 1999

Alexander Solschenizyn, *Der Archipel GULAG*. Übersetzt von Anna Peturnig. Bern: Scherz 1974

Yoshifumi Tanaka, *The International Law of the Sea*. Cambridge: Cambridge University Press 2012

United Nations Group of Experts on Geographical Names, *Manual for the national standardization of geographical names*. New York: United Nations 2006

Dietmar Urmes, *Handbuch der geographischen Namen. Ihre Herkunft, Entwicklung und Bedeutung*. Wiesbaden: Fourier 2003

Roger Willemsen, *Die Enden der Welt*. Frankfurt a. M.: S. Fischer 2010

Simon Winchester, *Der Atlantik. Biographie eines Ozeans*. Übersetzt von Michael Müller. München: Knaus 2012

# Links

Text der *Gesta Hammaburgensis ecclesiae pontificum* Adams von
  Bremen:
  http://hbar.phys.msu.ru/gorm/chrons/bremen.htm
Gaius Plinius Secundus, *Naturalis historia* in der englischen Übersetzung von John Bostock et al. London: Taylor and Francis 1855:
  http://www.perseus.tufts.edu/hopper/text?doc=Perseus%3atext
  %3a1999.02.0137
Die Seite *Hurrikanes: Science and Society* der University of Rhode
  Island:
  www.hurricanescience.org
Online-Version von John Delaney, *Strait Through: Magellan to
  Cook & the Pacific. An Illustrated History*:
  http://libweb5.princeton.edu/visual_materials/maps/websites/
  pacific/book/book.html
Steven K. Baum, *Glossary of Physical Oceanography and Related
  Disciplines:*
  http://stommel.tamu.edu/~baum/paleo/ocean/ocean.html
Die Online-Zeitschrift *Humboldt im Netz*, besonders der Aufsatz
  Gerhard Kortums:
  http://www.uni-potsdam.de/u/romanistik/humboldt/hin/hin5/
  inh_kortum_5.htm
Die *Ora Maritima* des Rufus Festus Avienus:
  http://www.thelatinlibrary.com/avienus.ora.html

# Register

## Verzeichnis der Namen

# Verzeichnis der Orte

Rolf-Bernhard Essig, 1963 in Hamburg geboren, lebt als freier Autor, Kritiker und Moderator in Bamberg. In seinen Büchern und in Programmen für Fernsehen, Radio und Bühne geht der »Indiana Jones der Sprachschätze« (*Nürnberger Zeitung*) der Frage nach, was hinter unseren Wörtern steckt; so auch in dem bei **mare** erschienenen Buch über Meeresredensarten: *Butter bei die Fische: Wie das Meer in unsere Sprache floss* (2010), welches namengebend für seine tägliche Rundfunkkolumne beim SWR1 wurde: *Und jetzt mal Butter bei die Fische!* Zuletzt erschien sein Roman *Die Kunst, Wasser zu fegen* (2013).

papan, 1941 geboren, gelernter Buchhändler, war Requisiteur am Theater und zeichnete 20 Jahre für den *stern*, aber auch für *Die Zeit*, *Süddeutsche* und *Brigitte*. Er illustriert und schreibt Kinderbücher und Hörbücher; für **mare** illustrierte er 2009 *Die wundersamen Irrfahrten des William Lithgow* (herausgegeben von Roger Willemsen) und 2010 Rolf-Bernhard Essigs *Butter bei die Fische*. papan lebt in München.